资源型产业
高质量发展

影响因素与效应

张雪薇　王锋正 / 著

经济管理出版社

ECONOMY & MANAGEMENT PUBLISHING HOUSE

图书在版编目（CIP）数据

资源型产业高质量发展：影响因素与效应 / 张雪薇，王锋正著 . — 北京：经济管理出版社，2025.9
ISBN 978-7-5243-0383-1

Ⅰ. F124.5

中国国家版本馆 CIP 数据核字第 2025VC1621 号

组稿编辑：勇　　生
责任编辑：张　　艳
责任印制：张莉琼
责任校对：王淑卿

出版发行：经济管理出版社
　　　　　（北京市海淀区北蜂窝 8 号中雅大厦 A 座 11 层　　100038）
网　　址：www.E-mp.com.cn
电　　话：（010）51915602
印　　刷：北京晨旭印刷厂
经　　销：新华书店
开　　本：720mm×1000mm/16
印　　张：11.25
字　　数：173 千字
版　　次：2025 年 9 月第 1 版　　2025 年 9 月第 1 次印刷
书　　号：ISBN 978-7-5243-0383-1
定　　价：98.00 元

前　言

党的二十届三中全会指出："中国式现代化是在改革开放中不断推进的，也必将在改革开放中开辟广阔前景。"中国式现代化离不开现代化产业体系的支撑。资源型产业作为中国经济的重要组成部分，其高质量发展对推动中国式现代化具有重要作用。资源型产业具有显著的资源依赖性和地理根植性特征，其"高污染、高耗能、高排放"工业发展模式严重制约了经济发展与生态安全协调发展。近年来资源型企业开始步入萧条，盈利水平下滑、资源过度消耗、产品同质化严重、创新技术水平低、环境负外部性等问题日益凸显。实现资源型产业高质量发展是建设人与自然和谐共生的现代化、实现美丽中国目标的重要保障，实现发展方式从资源驱动转向创新驱动、从重数量转向提质量十分重要。

鉴于此，本书以资源型产业高质量发展的影响为逻辑主线，构建了资源型产业高质量发展指标体系并进行测度，深入分析资源型产业高质量发展的影响因素以及绿色低碳经济效应。具体来说，本书的研究逻辑框架如下：首先，基于技术创新理论、可持续发展理论等，探讨产业政策对资源型产业高质量发展的影响，以此回应国家产业转型升级示范区对资源型产业高质量发展的响应。其次，探讨环境政策对资源型产业高质量发展的影响，以此回应碳排放交易权对资源型产业高质量发展的响应。再次，探讨数字经济和绿色创新对资源型产业高质量发展的影响，以此回应科技变革对资源型产业高质量发展的响应。最后，基于生态经济理论和低碳经济理论，探讨资源型产业高质量发展的绿色低碳效应，回应资源型产业高质量发展对经济社会高质量发展和人与自然和谐共生的现代化建设的重大意义。

本书共由 12 章组成。第 1 章阐述了研究背景和研究意义、研究思路与方法、研究内容，作为"原字号"产品供给的源头主体，资源型产业的高质量发展已成为我国资源富集地区深化供给侧结构性改革、促进经济高质量发展的关键基础。第2章系统梳理了相关理论和现有文献，理论基础包括生态经济理论、可持续发展理论等，文献综述部分则从产业政策、环境政策、数字经济以及绿色技术创新对资源型产业高质量发展的影响方面进行综述。第3章回顾了测度全要素生产率的文献，选择了合适的测算方法，严格遵循目的性、科学性、可操作性、动态性等原则，构建资源型产业高质量发展综合评价指标体系并进行测算。第4章从空间和时间双重维度上分析了资源型产业高质量发展水平的演化趋势，运用 ArcGIS 刻画了绿色全要素生产率、技术进步和规模效率的空间格局。第5章识别影响资源型产业高质量发展的关键因素，阐述产业政策、环境政策、数字经济、绿色技术创新等多个方面如何影响资源型产业高质量发展。第6章~第9章运用计量模型实证分析了产业政策、环境政策、数字经济、绿色技术创新对资源型产业高质量发展的影响。第10章采用面板回归模型来分析资源型产业高质量发展对绿色低碳循环发展的影响，并探讨资源型产业高质量发展对不同地理区位、不同流域绿色低碳循环发展的异质性影响。第11章提出政策建议，阐述了产业政策对资源型产业高质量发展发挥支撑作用，环境政策对资源型产业高质量发展发挥约束作用，绿色技术创新对资源型产业高质量发展发挥驱动作用，数字经济对资源型产业高质量发展发挥保障作用。从保障地区资源能源安全；坚持创新引领，推动创新发展；坚持统筹联动，区域协调发展；遵循生态优先，坚持绿色发展；完善政策制度，强化组织保障五个方面提出政策建议。第12章对全书的研究内容进行了总结并提出了未来展望。

本书是内蒙古大学经济管理学院张雪薇副教授和王锋正教授共同的研究成果。全书由王锋正负责整体设计，第1~10章及第12章由张雪薇和王锋正负责撰写，第11章由张雪薇、王锋正负责撰写，王茜、宁静辅助数据与文献资料的收集和整理。最后由张雪薇和王锋正对全书进行了审定。

感谢国家自然科学基金项目"异质政策工具影响资源型企业高质量

创新的微观机理——基于知识基础视角"（72164030）、"开放式创新驱动西部资源型产业升级的机制与路径"（71563033）、"跨境交通可达性对边境口岸城市高质量开放的影响机制研究——以内蒙古为例"（72364027），教育部创新团队发展计划项目"资源型产业与资源富集地区经济可持续发展"（IRT_16R41），内蒙古自治区高等学校创新团队发展计划支持项目"资源型企业高质量创新研究"（NMGIRT2415），内蒙古自治区直属高校基本科研业务费项目"双碳目标导向下资源型产业高质量发展的可持续性政策研究"（20700-54220346），内蒙古哲学社会科学规划基地重点项目"新技术驱动资源型企业创新机理与路径研究"（2019ZJD009）的共同资助。

目　录

|第 1 章|
引 言

1.1 研究背景和研究意义

1.1.1 研究背景

2021 年中共中央、国务院印发的《关于完整准确贯彻新发展理念做好碳达峰碳中和工作的意见》中，将调整产业结构作为实现"双碳"目标的途径，对产业结构转型提出了明确要求。要把握好"碳达峰""碳中和"这一机遇，加快推进产业结构优化升级，逐步推进绿色低碳产业结构和生产方式的形成。资源型产业是我国国民经济的重要组成部分，凭借自然资源优势，其为我国经济的持续、健康、协调发展提供了基础能源和重要材料，推动了我国工业化进程，总体上加速了我国经济和社会的发展。然而，鉴于资源型产业中资源不可再生的特点，有些资源已走向枯竭甚至已经枯竭。同时我国作为发展中国家虽然近几年来经济发展迅速，但是能源消耗巨大，碳排放量也居于世界各个国家和地区前列。资源型产业作为工业经济中的特殊行业，一直与高耗能、高污染等名词等同起来。因此，研究资源型产业转型对低碳经济的影响，对于减少碳排放量、发展低碳经济有着重要意义。

在中华人民共和国成立初期，中国国民经济经历了几次挫折后进入复苏和发展阶段。一是起步阶段（1949~1965 年）。从白手起家，经过三大改造以及国家大力发展重工业的机遇期，我国的资源型产业迈出了第一步。二是缓慢积累阶段（1966~1978 年）。在此期间，国内的发展重心偏离了经济发展，导致国民经济出现了大幅度的波动，同时国际形势紧张。发展重工业已成为国家的优先发展战略。当时的资源型产业以钢铁和煤炭为主。在此期间，部分地区的资源型产业进入了缓慢积累的阶段。三是稳步发展阶段（1979~1990 年）。改革开放以来，我国就进入了以经济建设为中心的发展时期，工业发展迅速，经济发展持续高速增长。资源型产业整体保持稳定发展，工业比重逐年增加。四是快速发展阶段（1991~2001 年）。在此期间，资源型产业进入了加速发展时期。我国的资源型工业增长更快，产出规模不断扩大。五是加速发展阶段（2002~2010 年）。这一时期中国工业化进程快速推进，但能源和原材料有限，而需求剧增，这些变化都为资源型产业的发展提供了重大的机遇以及发展市场和空间。资源型产业实现了跨越式发展，这也是国内生产总值保持增长率的重要推动因素。

资源型产业是以不可再生资源的生产加工为主形成和发展起来的产业体系，以资源开采加工业为主，属于高耗能、高排放、高污染型产业，其形成是特定的资源禀赋、重工业优先发展战略及特定的区位地理条件共同作用的结果。资源型产业在中国资源富集但经济欠发达的西部地区的经济社会发展中发挥了积极作用，在新形势下正面临通过转型升级实现可持续发展的挑战。资源型区域产业发展受资源禀赋条件的优劣影响较大，往往资源条件越好越缺乏创新动力。正是由于资源丰富的地区过于依赖资源，在缺乏创新动力的情况下产生了"资源诅咒"，其不仅没有带来财富的持续增长，反而形成单一的产业结构。资源型产业高质量发展是指产业结构从资源、劳动甚至资本密集型转移为技术和知识密集型，通过转型实现产业内部结构优化，进而达到升级的目的。资源型地区存在"资源诅咒"效应[1]，自然资源的富裕程度与经济发展呈负相关关系[2]，中西部省份基本属于"资源诅咒"高危区、严重区和边缘区，东部省份是无"资源诅咒"区[3]。多数省份拥有丰富的自然资源,却没有成为助力经济发展的因素,反而制约了经济发展,这是由过度消耗资源所导致的[4]。中西部地区富集资源带来的各种负面影响远远大于东部地区[5, 6],而中西部地区亟须多元化发展,打破资源锁定效应,实现产业高质量发展[7~11]。资源型产业高质量发展取决于制度创新及技术进步[12, 13],资源型产业转型重点在于区域要素密集度升级递进、多元叠合发展和产业升级[14],要依靠技术创新来提高产品附加值和延长产业链,走出"资源诅咒"困境[15, 16]。制度创新是资源型产业高质量发展的外在拉动力[17],技术创新是资源型产业高质量发展的内在驱动力[18, 19]。目前,从外在因素和内在因素来分析资源型产业高质量发展有待进一步探究。

作为"原字号"产品供给的源头主体,资源型产业的高质量发展已成为我国资源富集地区深化供给侧结构性改革、促进经济高质量发展的关键基础。相对于劳动密集、资金密集、技术与知识密集等"落脚自由"产业,资源型产业是一类以能源、矿产资源的采选和初加工为基本生产方式的产业,具有显著的资源依赖性、地理根植性和产业集聚性等特征。依托当地蕴藏丰富的能源与矿产资源,资源型产业迅速崛起并实现了快速的规模化扩张,创造了史无先例的成长速度,在 2008 年全球金融危机到来以前实现了年均增速高达 20% 的迅猛扩张与发展,尽管自 2010 年以来资源型产业扩张速度有所下降,但其工业产值占所在省份 GDP 的比重仍高达50%,仍是资源富集地区经济发展的重要组成部分。资源开发规模不断扩大和资源型产业持续扩张所引致的资源依赖性强、产品结构单一、产能严重过剩、创新质量不高、附加值过低、环境污染严重等问题和矛盾日益凸显,严重约束着我国资源型产业的高质量发展。因为资源型产业供给侧结构性改革的速度与水平,不仅直接关系到产业自身的发展与质量,更会影响资源富集地区工业经济乃至整个国家供给侧结构性改革的进程与深度,以及国家的环境保护与治理。为此,资源型产业必须突破传统的"得资源者得天下"和"资源占有"思维理念,依据政府部门所出台的相关产业政策与环境政策,结合自身拥有的独特基础禀赋,积极探索提质增效和节能减排的高质量发展路径，这已成为资源富集地区深化供给侧结构性改革、促进高质量发展的关键基础。

本书试图分析资源型产业高质量发展的经济环境效应，以区域产业协调发展为重点，构建区域资源型产业绿色低碳协调发展的理念，从而有助于资源型产业结构转型，形成高质量发展的产业发展模式。本书旨在开发一个基准框架，以识别影响资源型产业高质量发展的关键因素，以及探究资源型产业高质量发展的绿色低碳效应，在此基础上，从关键驱动因素和经济生态效应两个角度研究资源型产业高质量发展的综合效应。

1.1.2 研究意义

本书以资源型产业高质量发展为研究对象，从空间理论的角度分析了资源型产业高质量发展的时空格局及其综合效应，构建资源型产业高质量发展指标体系并进行测度，分析影响资源型产业高质量发展的驱动因素和关键路径，从而为实现资源型产业高质量发展、区域产业结构转型和资源配置优化发展提供相关的合理政策建议，这对于我国资源型产业高质量发展的时空配置优化、低碳可持续发展以及碳中和总体目标的实现具有重要的理论价值和现实意义。

1.1.2.1 理论意义

近年来，国内外学者关于资源型产业转型的研究已经取得非常丰富的成果，但是在大多数情况下，他们仅分析单一因素对资源型产业转型的影响，而缺乏对资源型产业高质量发展的时空格局分析及其综合效应的研究。因此，本书选取资源型产业为研究对象，从空间视角分析资源型产业高质量发展的驱动机制及其综合效应，并在此基础上提出相应的政策建议。本书的理论意义体现在以下三个方面：

第一，丰富产业理论体系。资源型产业作为现代工业生产体系的一个重要组成部分，对其进行基于空间理论的经济环境相关研究，可以拓展低碳发展思路，丰富低碳产业发展理论体系，为产业和空间相结合的系统性低碳发展提供理论指导。

第二，促进资源型产业高质量发展空间视角的多维研究。研究资源型产业高质量发展需要通过多学科交叉的方法，从空间视角探究资源型产业高质量发展，总结提炼出资源型产业空间特征、溢出效应、高质量发展的关键路径和重要驱动因素，并结合相关学科优势，提出多维深入研究资源型产业高质量发展的时空格局分析的逻辑框架，为实现资源型产业高质量发展提供科学的论证。

第三，完善资源型产业高质量发展综合效应的系统研究。资源型产业作为生产部门的基础性产业，在整个国民经济发展中起着至关重要的作用，然而，由于技术创新能力不足、生产设备落后等问题导致其在资源开发利用过程中环境污染十分严重，具有负外部性。产业转型和高质量发展意义重大，因此审视资源型产业高质量发展的经济和环境效应，有利于对区域资源型产业高质量发展的综合效应进行系统性研究。

1.1.2.2 现实意义

在提出实现"碳达峰、碳中和"目标的背景下，资源型产业高质量发展具有举足轻重的作用。资源型产业是指以能源、矿产资源的开采和初级加工为基本生产方式的产业类型，具有显著的资源依赖性和地理根植性特征。经济快速增长离不开对资源型产业的长期依赖，伴随着资源开发规模的不断扩大和资源型产业的持续扩张，资源依赖性强与大量消耗、创新能力不强与产品附加值过低、技术水平不高与生态环境代价过大、产业结构单一与受宏观经济影响剧烈等问题和矛盾日益凸显，产业转型低碳发展面临着很大的困难，从空间视角对资源型产业高质量发展进行细分层面的深度剖析，能够帮助明确资源型产业的经济社会机理，为产业低碳结构化升级提供政策建议，避免仅从单一视角制定空间和产业规划，这对区域性协调的产业碳减排具有必要且合理的现实指导意义。

第一，有利于识别影响资源型产业高质量发展的关键路径。由于资源型产业实现高质量发展过程中会受到许多因素的影响，因此在实现高质量发展过程中需更加注意理论系统的整合优化与动态调整，提出更具针对性的政策建议，并实现更广泛的适应性。研究空间视角下资源型产业高质量发展的驱动机制和关键路径，对于我国资源型产业实现低碳转型和可持续发展具有重要的现实和战略意义。

第二，分析资源型产业高质量发展的经济环境效应，为制定更加科学的绿色产业发展政策提供依据。一方面，能够准确地把握资源型产业的环境效应的发展趋势，从而制定有效的产业转型战略，在不加重环境压力的前提下帮助地区经济发展。另一方面，促进资源型产业负载过重的地区产业转型升级，利用低碳技术来降低环境污染的影响。在此基础上，政府可以更清晰地判断资源型产业高质量发展的可行性和有效性，适时地提供产业低碳转型的理论和相关政策，从而科学合理地促进资源型产业的低碳发展。对于当前的资源型产业而言，本书对引导产业良性发展具有一定的参考价值。

1.2　研究思路与方法

1.2.1　研究思路

本书以"提出问题、分析问题、实证研究、解决问题"作为总体思路，以资源型产业高质量发展为研究对象，运用空间相关理论、生态文明理论、可持续发展理论和协调发展理论，研究中国资源型产业高质量发展的时空格局和综合效应。本书的具体研究思路为："资源型产业高质量发展的空间特征分析—资源型产业高质量发展的驱动因素分析—资源型产业高质量发展的绿色低碳效应分析。"因此，本书将围绕资源型产业的影响因素以及绿色低碳效应进行理论分析和实证研究，在具体分析中，本书拟沿着"提出问题、分析问题、实证研究和解决问题"这一思路展开。

（1）提出问题。首先，本书对资源型产业高质量发展特征进行比较分析，对各区域资源型产业高质量发展进行分析。其次，针对资源型产业实际现状，识别影响资源型产业高质量发展的关键因素。最后，对资源型产业高质量发展产生的绿色低碳效应进行分析。基于研究背景和研究意义进一步提出了本书所关心的 3 个问题：

问题 1：资源型产业发展历程和现状如何？如何测算资源型产业高质量发展？时空分布格局如何？

问题 2：资源型产业高质量发展的驱动机制如何？哪些因素会促进资源型产业高质量发展？

问题 3：资源型产业高质量发展的经济生态效应如何？

（2）分析问题。通过回顾和梳理技术创新理论、可持续发展理论、生态经济理论、协调发展理论、低碳经济理论，以及资源型产业高质量发展的影响因素及其绿色低碳效应，从中发现研究空缺，找出拟解决的关键问题，对资源型产业的影响因素以及绿色低碳效应进行理论分析，从而引出本书的研究重点。

（3）实证研究。本书首先构建了资源型产业高质量发展指标体系，运用 SBM-DDF-GML 指数法测度 2008~2021 年全国 31 个省份资源型产业高质量发展水平。其次运用经济计量模型对资源型产业高质量发展的影响因素及其绿色低碳效应进行实证检验。

（4）解决问题。通过对前文的研究进行总结，针对资源型产业高质量发展提出具体的政策建议，并对未来的研究进行展望。

本书的技术路线如图 1-1 所示。

1.2.2　主要研究方法

（1）文献分析法。本书跟踪国内外相关研究的最新前沿动态，对国内外相关文献、研究报告、统计资料、科技成果进行系统梳理，在前人研究的基础上，进一步明确研究的基本思路、主要内容以及理论基础。

（2）规范研究方法。本书研究资源型产业高质量发展的时空格局及其综合效应，将生态文明理论、可持续发展理论、空间作用理论作为理论基础对资源型产业高质量发展进行现状分析。

（3）基于 SBM-DDF-GML 指数法。基于 Shephard 距离函数，Chung

| 绪论 | 研究背景 | 研究意义 |

提出问题

| 相关理论 | 相关理论基础 | 资源型产业高质量发展 |
| 文献综述 | ■技术创新理论
■绿色低碳理论 | ■内涵界定
■指标体系
■实现途径 |

分析问题

| 概况分析 | 概况 | 因素识别 | 测度方法选择 |
| 理论分析 | ■资源型产业的定义、发展历程 | ■影响资源型产业发展的因素
■产业政策、环境政策、绿色技术创新、数字经济 | ■随机前沿分析法（SFA）
■数据包络分析法（DEA）
■基于SBM方向函数的GEL |

实证研究

| 实证检验 | 资源型产业高质量发展指标体系的构建与测度
基于SBM-DDF-GML指数法
绿色全要素生产率（GML）　技术进步（TC）　规模效率（EC） | 资源型产业高质量发展的影响因素分析
OLS、DID方法
产业政策　环境政策　数字经济　绿色技术创新 | 资源型产业的绿色低碳分析
OLS方法
绿色低碳指标体系构建　绿色低碳效应检验　异质性检验 |

解决问题

| 结论与展望 | 研究结论 | 政策建议 | 研究展望 |

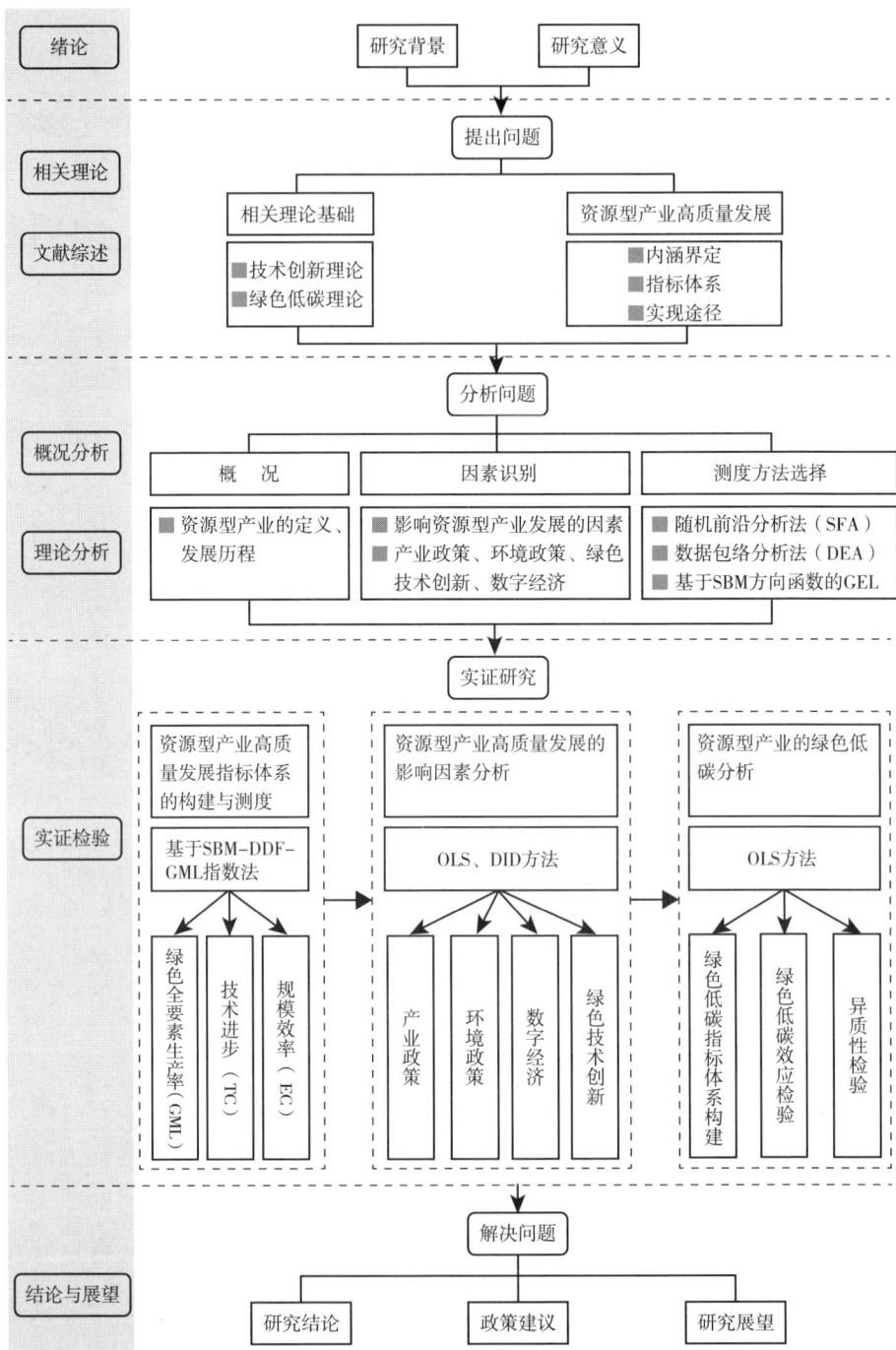

图1-1 本书的技术路线

等提出了 DDF 方法，在期望产出和非期望产出同比例增加或减少的设定下，将非期望产出纳入效率测算的分析框架中，并进一步构造了 Malmquist-Luenberger（ML）指数用于测算考虑环境污染排放的 TFP 增长。GML 能有效地解决 Malmquist-Luenberger 指数方法存在的不具备传递性的缺陷，该方法在考虑问题时，从全局角度出发，能够更加全面和深入地分析全要素生产率。它将各个时期的总和作为参考集。

（4）时空熵权法。学术界确定指标权重的方法包括主观赋权法、客观赋权法和组合赋权法，本书运用时空极差熵权法测算 2008~2021 年我国 31 个省份的绿色低碳循环发展水平。传统的熵权法只能确定某一时间节点的指标权重，而时空极差熵权法克服了这一缺陷，能够从时间和空间维度上确定指标权重，随着时空的演变能够动态地更新指标权重。

（5）双重差分模型。传统计量方法"有无对比法"可以横向比较处理组和控制组对资源型产业高质量发展的影响，但这种方法并不能证明产业政策或是环境政策就是重要因素。还有学者利用时间序列数据，纵向比较一个城市在处理组和控制组中资源型产业高质量发展的变化，这种方法的缺陷是无法比较政策前后的差异，故也无法证明政策对资源型产业高质量发展能产生一定的影响。本书将产业转型示范区、碳排放交易政策作为准自然实验对象，政策实施会作用于其中一部分区域，而对另外一些区域作用并不明显，这项政策实验被称为自然试验。为了检验政策影响，本书将样本分为受政策影响的省份和未受政策影响的省份，在该方法中受政策影响的省份作为处理组，不受政策影响的城市作为控制组，构建双重差分模型（DID）检验产业政策、环境政策对资源型产业高质量发展的影响。

1.3 研究内容

本书基于中国资源型产业高质量发展，以资源型产业高质量发展的时空格局及其综合效应为整体分析框架，以中国资源型产业高质量发展为切入点，围绕空间格局、驱动因素、经济环境效应对资源型产业高质量发展展开分析，构建资源型产业高质量发展的驱动因素和经济环境效应的研究框架，分析关键路径和驱动因素的作用机制。在理论研究的基础上，利用社会经济相关数据开展实证分析，从空间视角对资源型产业高质量发展的演变趋势进行分析，从产业视角对影响资源型产业高质量发展的关键路径和驱动因素进行分析。此外，基于理论和实证研究结论，对我国资源型产业高质量发展的三个方面进行研究，为我国制定资源型产业高质量发展的相关措施及政策提供参考。

具体研究内容如下：

第1章，引言。论述资源型产业高质量发展研究的背景和意义，提出研究问题。基于研究背景、研究对象和范围建构本书的技术路线图，并且阐述研究思路和方法。

第2章，理论基础和文献综述。介绍技术创新理论、可持续发展理论、生态经济理论、低碳经济理论四个理论基础，对已有文献进行回顾和整理，形成本书研究的理论基础和实证依据，对已有研究成果进行归纳，提出了本书的研究理论框架。

第3章，资源型产业高质量发展的综合测度方法与判断。首先，回顾了测度全要素生产率指标的方法，并选择了测度经济高质量发展指标的方法。其次，立足于新时代背景，构建了包括投入指标和产出指标的绿色全要素生产率测度体系，运用SBM-DDF-GML指数法测算2008~2021年31个省份绿色全要素生产率水平，并作为中国资源型产业高质量发展的最新成果。最后，列出GML[①]、TC、EC指数测算结果。

第4章，资源型产业高质量发展的时空格局分析。分析资源型产业高质量发展的时间演变特征和空间演变特征，并对区域差异进行描述，对资

---

① 本文采用GML来表示绿色全要素生产率。

源型产业高质量发展进行全局空间效应检验和局部空间效应检验，从而提出空间视角下资源型产业高质量发展研究的意义，为本书的后续深入研究设定必要的背景。

第 5 章，资源型产业高质量发展的关键影响因素识别。筛选出促进资源型产业高质量发展的关键因素，运用计量模型分析产业政策、环境政策、数字经济和绿色技术创新对资源型产业高质量发展的影响。

第 6 章，产业政策对资源型产业高质量发展的影响研究。设立产业转型升级示范区是促进资源型产业高质量发展的重要举措。本书采用双重差分模型（DID）来分析产业转型升级示范区对资源型产业高质量发展的影响，并探讨产业转型升级示范区对不同地理区位、不同资源型地区产业高质量发展的异质性影响，采用稳健性检验方法验证产业转型升级示范区对资源型产业高质量发展的影响。

第 7 章，环境政策对资源型产业高质量发展的影响研究。碳排放权交易市场建设有助于推动企业节能减排和产业结构优化升级，促进技术和资金转向低碳发展领域。本书采用双重差分模型（DID）来分析碳排放交易政策对资源型产业高质量发展的影响，探讨碳排放交易政策对不同地理区位、不同流域的资源型产业高质量发展的异质性影响，并采用稳健性方法验证碳排放交易政策对资源型产业高质量发展的影响。

第 8 章，数字经济对资源型产业高质量发展的影响研究。数字普惠金融通过优化资源配置推动资源型产业高质量发展。本书采用面板回归模型来分析数字经济对资源型产业高质量发展的影响，探讨数字经济对不同地理区位、不同流域的资源型产业高质量发展的异质性影响，并采用稳健性方法验证数字经济对资源型产业高质量发展的影响。

第 9 章，绿色技术创新对资源型产业高质量发展的影响研究。绿色技术创新能够通过优化生产工艺和生产流程，降低生产能耗和材料损耗，从而促进生产要素升级，促进资源型产业高质量发展。本书采用面板回归模型来分析绿色技术创新对资源型产业高质量发展的影响，探讨绿色技术创新对不同地理区位、不同流域的资源型产业高质量发展的异质性影响，并采用稳健性方法验证绿色技术创新对资源型产业高质量发展的影响。

第 10 章，资源型产业高质量发展的效应研究。资源型产业高质量发展有利于激发绿色技术创新，提升企业的创新能力和提高生产率，激励企业加快对绿色产品和低碳技术的研发，有助于引导绿色低碳转型。本书采用面板回归模型来分析资源型产业高质量发展对绿色低碳循环发展的影响，探讨资源型产业高质量发展对不同地理区位、不同流域绿色低碳循环发展的异质性影响，并采用稳健性方法检验资源型产业高质量发展对绿色低碳循环发展的影响。

第 11 章，政策建议。明晰资源型产业高质量发展的实现路径能够更有针对性地促进资源型产业高质量发展，做到精准施策。本书从产业政策、环境政策、绿色技术创新和数字经济四个关键因素分析资源型产业高质量发展的实现路径。

第 12 章，研究总结与展望。首先总结了本书所用理论与实证结果，总结了产业政策、环境政策、数字经济和绿色技术创新对资源型产业高质量发展的影响效应与作用机制，完善了已有的研究内容，为资源型产业高质量发展提供了支撑。其次指出本书研究存在的不足，从作用机制多样性、研究样本适宜性等方面指明研究的不足并提出未来展望，以期未来相关研究对本书内容进行补充。

1.4 本章小结

本书立足于我国资源富集地区供给侧结构性改革的现实需求，指出资源型产业作为"原字号"产品供给的关键主体，其高质量发展是实现经济高质量发展的重要基础。资源型产业的特殊性，如资源依赖性、地理根植性和产业集聚性，使其高质量发展具有特殊的研究意义。本书旨在为资源型产业的转型升级提供理论支持和政策建议，对于推动相关地区经济社会的可持续发展具有重要的实践价值。

本书采用理论梳理与实证分析相结合的研究思路。首先，系统回顾了生态文明、可持续发展、协调发展等理论基础，并对相关文献进行了综述。其次，选取了全要素生产率作为衡量资源型产业高质量发展的重要指标，并构建了基于非期望产出的 SBM-DDF-GML 指数法来测算绿色全要素生产率。最后，运用 ArcGIS 等空间分析工具和计量经济学方法，对资源型产业高质量发展的时空演化趋势和影响因素进行了深入分析。

研究内容主要包括构建了资源型产业高质量发展的综合评价指标体系，并对 2008~2021 年中国 31 个省份的资源型产业高质量发展水平进行测算，分析了资源型产业高质量发展水平的空间格局和时间演化趋势，识别并分析了影响资源型产业高质量发展的关键因素，包括产业政策、环境政策、数字经济和绿色技术创新等，并通过计量分析方法验证了这些因素对资源型产业高质量发展的显著影响。探讨了资源型产业高质量发展对绿色低碳循环发展的影响效应，以及这种影响在不同地理区位和流域的异质性。

综上所述，本书为资源型产业高质量发展的理论研究和政策制定提供了新的视角与方法，对于推动资源型产业转型升级和实现绿色低碳循环发展具有重要的参考价值。

|第 2 章|
理论基础和文献综述

2.1　理论基础

资源禀赋是经济发展、社会发展、低碳发展的基础资源，作为经济社会发展的重要物质基础，资源禀赋越多，所支撑的经济社会发展水平越高[20-25]。能源是人类生存和发展的重要物质基础，能源短缺是制约经济发展的主要因素，攸关国计民生和国家安全。污染物的大量排放超出环境自净能力会扰乱和破坏生态系统，使生态环境不断恶化，资源可利用量和环境容量不断减少，严重制约着经济社会的发展[26-30]。而经济社会发展也会对环境造成影响，工业化的快速发展阶段消耗了大量的资源能源、排放了大量的污染物。虽然国家和地方政府已经采取了很多预防措施和污染治理措施，但由于产业结构不合理以及经济发展速度超过了资源环境承载力，导致经济发展与环境保护不平衡，生态环境质量不断恶化。同时社会发展的不断加快给生态环境带来了巨大的压力，资源型产业规模越大消耗越多，因而生产越多污染物排放量就越大，这加剧了生态环境质量的恶化[31-35]。

2012 年，党的十八大报告指出："必须树立尊重自然、顺应自然、保护自然的生态文明理念，把生态文明建设放在突出地位，融入经济建设、政治建设、文化建设、社会建设各方面和全过程，努力建设美丽中国，实现中华民族永续发展。"因此，推进生态文明，促进经济、社会与环境的协调发展是中国未来发展的主题。根据系统论的观点，环境、经济与社会之间存在物质循环、交互制约的关系，三个子系统通过要素间的关联耦合形成了高一级的系统。人类从环境系统中获取生存繁衍和发展所必需的资源与能量，人类的生产、生活等行为又将环境系统提供的资源要素转化为经济系统和社会系统的投入要素。协调发展既包含协调又涉及发展的理念，协调是指各子系统为实现系统整体目标而相互促进、相互调整、相互作用的状态与良性循环关系；发展则是动态演变过程，是各子系统根据系统内外部的发展情况而形成的发展路径。因此，环境、经济与社会协调发展就是三个子系统间互为支撑、互为条件、相互促进、相互调整，从而实现区域整体发展的优化和良性循环。

2.1.1　技术创新理论

熊彼特在其 1912 年发表的作品《经济发展理论》中，首次明确提出了创新理论的核心概念。他认为，创新是形成新的生产函数，即以创新的方式组合生产要素。在他看来，发明仅是科技领域的改革，而真正的创新则涉及经济行为，它包含将科学技术的发明应用到生产活动中，进而创造新的生产能力，促进经济增长和社会发展。创新的范围涵盖产品、生产过程、市场、供应链以及组织结构的革新，其中，技术创新是指生产方法的革新。熊彼特将企业家视为创新的主导者，并预言了资本主义由于缺乏创新动力最终会衰退，而由国家主导的社会主义将会崛起。这种观点最初并未在西方国家得到广泛认同。然而，第二次世界大战后西方国家经历了快速的经济增长，这种增长难以仅由劳动力和资本的增长来解释，于是人们开始重视技术创新，并进行相关理论研究。由此，技术创新理论分化为新古典学派、熊彼特学派、制度创新学派和国家创新学派等不同流派。新古典学派认为，生产要素的增加和技术水平的提升能够驱动经济增长，并认为政府的适度干预能加速技术创新。熊彼特学派则深入研究创新机制，认为创新的动力与市场竞争的强度成正比，而创新的持续性与市场垄断程度成正比。根据这一学派，市场结构中的寡头垄断和垄断竞争因同时具备竞争和垄断特点而更有利于技术创新；而模仿比例、模仿盈利性以及采纳新技术所需的投资额是影响技术扩散的关键因素。制度创新学派则强调制度的作用，通过静态均衡法分析技术创新环境，指出合理的制度安排是实现经济增长的关键。国家创新学派则看重创新系统，认为技术创新是一个系统行为，而非企业独立行为，它需要国家创新系统中的各个主体相互作用，国家制度则保障创新要素的有效配置，促进技术创新的引进、扩散与应用，从而提升国家的创新绩效。随着可持续发展理念的普及，技术创新理论的研究视角也延伸至生态保护领域。生态化技术创新理论鼓励调整技术创新的目标，将生态效益、社会效益和人类发展效益与经济效益一同考虑，这被视为突破社会和自然限制，解决可持续发展问题的关键路径。

2.1.2　可持续发展理论

自工业革命以来，许多国家快速发展经济，将第二产业置于核心位置，但是在追求经济增长的过程中，往往忽视了社会其他方面的发展，认定经济增长即是社会发展的全部。这种发展模式以重工业的大力发展为主，牺牲了自然环境，导致经济发展与环境保护之间的不平衡。1987 年，联合国世界环境与发展委员会发布的《我们共同的未来》强调，人类在满足当前需求的同时，不能损害未来世代的利益。人类对自然资源的不断索取，已经让这种牺牲环境以谋求经济增长的模式，逼近了自然环境的承载极限，导致全球生态环境受到了前所未有的破坏[36, 37]。

从内容来看，可持续发展包含经济可持续、社会可持续、资源可持续和环境可持续。1994 年，中国政府颁布的《中国 21 世纪议程——中国 21 世纪人口、环境与发展白皮书》，将经济、社会、资源与环境系统视为相互之间紧密联系、缺一不可，共同构成一个复合系统[38]。经济和社会的发展如果不注重资源节约和环境保护，那么经济系统和社会系统最终必然走向衰退。同样地，如果一味地考虑资源和环境系统的可持续发展，而忽略经济和社会的发展，那么最终也将导致经济和社会系统的崩溃。因此，要实现可持续发展，就必须始终注重复合系统中经济、社会、资源与环境等各个方面的可持续发展。也就是说，可持续发展是在不损害当代人利益的同时，最大限度不影响后代人生存发展的需要。

从形式来看，可持续发展又可分为弱可持续发展和强可持续发展。弱可持续发展是指"人造资本"可以替代"自然资本"，只要当代人留给后代人的总资本存量不低于当代人现有的资本存量，那么便认为发展是可持续的[39]。实际上，由弱可持续发展的定义可以看出，可持续发展是否成立的最重要前提是这种可持续性必须建立在"自然资本"高于最低极限存量的基础之上。由于许多不可再生资源无法被其他形式的资源所替代，当这些不可再生资源消耗殆尽时，将严重阻碍人类社会的进一步发展，更不必说发展是否可持续的了。因此许多学者认为，要实现真正的可持续发展，前提是必须保证自然资本在一定的最低水平的数量之上，强可持续发展便在这种情况下应运而生。强可持续发展在弱可持续发展所要求的基础之上，还要求留给后代人的自然资本存量要保持在极限水平之上，尤其是不可再生资源要维持在生态极限水平以上，使后代能够得以继续发展[40]。

2.1.3　生态经济理论

传统的经济学视角常将自然视作独立于经济体系的一个外围因素，认为其不是价值创造的源泉。在这个框架下，资源的流失或不足被视作可以通过科技进步与资本和劳动力的补充来克服。同时，它假定经济行为者是"理性"的，即他们总是寻求以最小的成本来换取最大的经济收益。这种经济增长至上的理论导向促使人类过度开发自然资源，并将废弃物及污染物无节制地排放到环境中，引起了生态系统的严重损害，并最终阻碍了社会经济的健康运行。在此背景下，生态学的传统研究视角聚焦于生物体和环境之间的关联，探究它们的互动关系，并没有将经济社会问题纳入考虑范畴。然而，自然界与经济社会是人类生存和发展的基础，将两者孤立对待显然是不合理的。因此，无论是传统的经济学还是生态学，都未能有效解决人与自然、经济社会与生态环境间的冲突问题。1968年，美国经济学家 Boulding 首次提出了生态经济学这一新领域。这一理论体系认为，人类社会与自然界是一个不可分割的整体，经济的增长和社会的进步都依赖于一个健康的生态环境。生态经济学的核心理念在于促进社会经济在自然界可承载的范围内可持续发展，平衡经济发展和环境保护的目标，以实现经济系统、社会系统与自然系统间的良性循环。要实现社会经济的绿色发展，我们必须将社会效益、经济效益与生态效益融为一体，这意味着既要遵循经济的规律以推动科学发展，也要尊重自然的法则以确保可持续发展。

2.1.4　低碳经济理论

随着经济的发展，许多国家逐渐意识到过度的能源消耗会导致环境问题，2003 年，英国能源白皮书提出了低碳经济愿景，其中一个要求就是建立强大的低碳经济，追求能源效率，并提出到 2050 年碳排放量要比 1990 年减少 60%。但是这并不意味着我们要通过降低经济效益来恢复环境，反之，我们要把握好环境带来的挑战，进一步实现经济的高质量发展。"低碳经济"是人类为实现经济的可持续发展而采取的一种发展形式，在经济发展中减少对环境的污染，在转变和优化能源的同时继续实现经济的稳定增长，促进这两个方面的协调发展。经济增长与环境质量的关系一直是经济学研究的重要问题，国内外许多学者对此进行了大量研究，其中最成熟的是库兹涅茨环境曲线。西蒙·史密斯·库兹涅茨在 1955 年研究社会经济发展与人均收入不平等的关系时提出经济发展与收入水平呈现倒"U"形关系。Grossman 和 Kruege 在此基础上进一步探讨发现，这种关系不仅存在于经济发展水平与人均收入差距之间，也存在于环境质量与人均收入之间。1996 年，Panayou 提出了环境库兹涅茨曲线。环境库兹涅茨曲线的基本内容概括如下：在初始阶段，由于经济发展水平相对较低，人均收入较低，一个国家或地区为了提高收入水平，重点发展高耗能、高污染的产业，在这一阶段，随着经济的发展，环境质量逐渐恶化。当经济发展到一定水平时，环境污染的严重性使政府不断加大环境治理和资金投入力度。此后，环境质量随经济发展而改善。因此，随着经济的发展，二氧化碳排放量的变化也将呈倒"U"形。中国承诺在 2030 年达到"碳排放峰值"，这将是中国碳排放量的一个"临界点"，据此我们可以为资源型产业高质量发展提供建设性意见。

2.2 文献综述

2.2.1 关于资源型产业高质量发展的现存问题研究

早期，资源型产业及其在资源型城市中的作用一直是学术界关注的焦点。早在 20 世纪 30 年代，英尼斯（H. A. Innis）便开创性地拓展了该研究领域，深入探讨了资源依赖对经济发展的影响。后续学者的研究进一步将对象扩展至德国鲁尔区和澳大利亚等地，对其产业问题进行了深入分析。这些研究增强了对资源型经济体面临的挑战与机遇的理解，并提升了研究力度，推动了产业转型与可持续发展策略的形成[41]。中国制造业的快速发展长期以来一直依赖于资源型产业，但这种过度依赖资源的发展模式逐渐暴露了产业结构中的诸多问题。李金昌（1992）、成金华和邵赤平（1997）通过深入分析，指出资源依赖强化了地区经济的脆弱性，并限制了高附加值产业的发展，梳理了资源型产业在中国制造业中扮演的角色，并评估了其对经济转型带来的挑战[42, 43]。这些研究为中国制造业转型提供了重要的政策参考，也为同领域其他学者的研究设立了基准。

资源型产业目前的问题主要集中在以下几个方面：

（1）外部性问题。R.H.Coase（1959）认为，通过实施税收政策和明确产权归属，能够有效地缓解资源型产业开发活动给生态环境带来的负面影响[44]。Edward B. Barbier 和 Michael Rauscher（1994）指出，仅凭技术手段无法根本遏制资源的枯竭，实现资源与环境的可持续发展目标必须依靠政府介入，通过制定相应政策来进行有效的干预[45]。Bovis（2013）在其研究中指出，将资源型企业国有化作为一种间接的调控策略，能够通过转变这些企业的经营策略来减少外部性成本，进而提升经济利益，然而，伴随国有企业规模的持续扩张，环境的外部性损害也呈现出增长的趋势[46]。李天舒和王宝民（2003）专注于东北地区资源型行业，并提出了对策，强调在资源存量不断减少的情况下，有必要专注于产业链的扩展，并采取集约型生产方式[47]。田原等（2018）主要围绕资源型产业的碳排放问题展开研究，通过运用 STIRPAT 模型来分析不同因素如何影响产业的低碳转型，最终得出的结论表明，产业内部结构的变化对于推动资源型产业向低碳方向转型起到了积极的作用[48]。

（2）可持续发展问题。1994 年有学者指出，大量资源浪费现象的罪魁祸首是粗放型发展方式。在企业的经营中，应该充分考虑环境成本，以实现资源型产业的可持续发展目标。将外部效应内部化，即将环境成本纳入企业的经营决策和成本考量中，是实现这一目标的重要条件。通过这种方式，企业可以有效利用资源并保护环境，推动产业的可持续发展。企业应该认识到，环境成本不仅是企业自身的经营成本，而且也是对社会和生态系统的一种影响与负担。因此，企业应该在经营决策中考虑环境成本，并采取相应的措施来减少环境负担，提高资源利用效率，推动产业的可持续发展。有学者对资源型产业的可持续发展与环境影响之间的联系进行了深入研究，发现资源的天然条件、生态系统等诸多因素共同作用于资源型产业的可持续发展。在资源型产业发展的各个阶段，保护生态环境的重要性不容忽视。这种思考方式的提出为未来的研究指明了方向，有助于更全面地理解资源型产业的可持续发展问题，并为制定相应的政策和措施提供了指导。这种视角能够从环境的角度来审视产业发展，认识到生态环境与经济发展之间的相互关系。通过深入研究资源型产业对生态环境的影响，可以更加准确地评估产业发展的可持续性，并提出相应的政策和措施来促进资源的有效利用和对环境的保护。穆瑞田和李晓东（1999）观察到国内资源型产业的发展接连遭遇"瓶颈"，建议成立资源型产业控股公司作为解决这一困境的一个可行途径[49]。在信息技术迅猛发展的背景下，张凌等（2001）和杜蓉（2001）先行探索了资源型产业与信息技术的结合，提出在资源的高度利用期，通过信息网络的应用可以促进资源型产业结构变得更加合理[50, 51]。李文君等（2002）选取唐山市作为案例，通过比较分析，对 1985~1999 年唐山市资源型产业结构和消耗型能源对环境造成的污染进行了探讨，并指出，在短期内，环境管理系统的效率可能会因环境治理与经济利益的冲突而受到影响[52]。宋梅和刘海滨（2006）分析了德国鲁尔地区资源型行业转型的成功经验，指出辽宁中南部的城市群与之在地理位置、资源禀赋等多个层面上显示出明显的一致性，并依据辽宁中南部地区的特点和存在的优势与不足，提出了相应的产业转型与升级的具体方案[53]。段树国和龚新蜀（2013）利用偏离—份额分析方法，分时期地测评了新疆资源型产业的竞争力，并通过偏离—份额分析图表来判定该产业的竞争地位，探究了增强该产业竞争力的可能路径[54]。

2.2.2 关于资源型产业高质量发展的影响因素研究

2.2.2.1 产业政策的相关研究

老工业城市和资源型城市作为我国重要的重化工产业基地和能源资源战略保障基地，在推动工业化进程中作出了重要贡献。然而，这两类城市存在高能耗高排放问题，从而导致"路径锁定"和"资源诅咒"现象[55~57]。产业转型升级是降低碳排放的有效途径，是老工业城市和资源型城市摆脱"资源诅咒"、实现低碳发展的关键[58~62]。赵玉焕等（2022）和 Zhao 等（2022）均发现，产业结构升级有助于实现碳减排[63, 64]。产业转型升级已成为新时期资源型和老工业城市供给侧结构性改革的重要抓手，推行产业转型升级示范区政策也是碳排放领域的一项重要议题。国内外学者对资源型和老工业城市产业转型升级与环境可持续发展开展大量研究。Yu 等（2022）将"承接产业转移示范区"政策视为准自然实验对象，采用多期双重差分法进行研究，发现"承接产业转移示范区"政策显著降低了示范城市的碳排放量[65]。Qian 等（2022）基于 2003~2019 年城市面板数据，发现"国家生态工业园区"政策会降低碳排放[66]。薛飞等（2022）基于 2003~2019 年中国 287 个地级市面板数据，采用双重差分法考察工业园区低碳转型的碳减排效应，研究发现，低碳工业园区建设显著降低了碳排放，且国家级开发区低碳工业园区建设降低碳排放的效应更显著[67]。付奎等（2023）基于 2009~2019 年 158 个地级市样本数据，运用非径向超效率 SBM-DEA 模型测算城市低碳转型的动态评估指数，采用双重差分法实证检验产业转型政策对老工业城市和资源型城市低碳转型的影响及作用机制，研究发现，产业转型政策显著推动了城市全要素碳生产率提升，对资源型、复合型以及集群式城市的低碳治理效果显著[68]。彭飞和金慧晴（2021）基于 2003~2018 年中国资源型和老工业城市数据，使用双重差分模型评估了国家产业转型升级示范区试点政策的实施效果，研究发现，国家产业转型升级示范区试点政策显著推动了资源型和老工业城市转型升级，促进了当地产业结构高度化和合理化[69]。优化产业结构是产业转型升级示范区的关键任务。产业转型升级示范区政策强调推动传统优势产业升级和培育新兴产业，并强调加强特色园区建设，引导产业向园区集聚。具体而言，产业转型升级示范区政策通过构建准入限制和加强环境约束，推动产业结构低碳化转型。示范区政策建立了严格的产业退出机制，加快淘汰高耗能、高排放行业的落后和过剩产能，同时通过建立环境准入标准限制高碳企业进入[70]。

2.2.2.2　环境政策的相关研究

伴随工业化进程加快，我国资源型产业实现了大规模开发与扩张，创造了史无前例的成长速度，但是，这个快速成长是以资源消耗和环境污染为代价的。加强环境规制是有效降低环境污染和提高资源利用效率的重要手段，但也会导致治污成本的上升[71, 72]。王锋正和郭晓川（2016）选取我国 12 个资源型产业 2003~2011 年面板数据，实证分析了环境规制强度对资源型产业绿色技术创新的影响，结果显示，考虑行业规模与科技活动人员投入两个控制变量时，提高环境规制强度能促进资源型产业绿色技术创新，反之则会降低绿色技术创新水平，甚至产生抑制作用，说明"波特假说"具有前提条件性[73]。另外，环境规制强度对开采洗选业绿色工艺创新和初级加工业绿色产品创新具有积极促进作用。

随着全球气候变化问题的日益严峻，碳排放交易制度作为一种市场化的环境规制手段，逐渐受到世界各国的关注和应用。在中国，"双碳"目标的提出更是为碳排放交易制度提供了重要的发展契机。为应对严峻的大气污染形势，我国实行了以排污权、碳交易等为代表的市场化规制手段。2013年以来，我国先后启动包括深圳、上海、北京、广州、天津、湖北、重庆、福建等在内的区域性碳交易试点，以提升环境改善效率和政策灵活性。由此提出的一个问题是：起步较晚的碳交易政策是否实现了对于二氧化碳、雾霾、二氧化硫等大气污染的协同减排效应。碳交易制度以及排污权机制减排效果是当前学者关注的一个重点。一些学者利用模拟方法对碳交易政策的影响进行测算。崔连标等（2013）运用CGE方法分别构建无碳交易市场、六个试点碳市场以及在全国范围内实施碳交易三类模型，结果表明，国家付出的减排成本在三种情境下会依次减少，同时证明了碳交易政策对于碳减排的有效性[74]。吴洁等（2015）、孙睿等（2014）、Tang等（2015）、谭秀杰等（2016）均利用模拟方法分析了构建碳交易体系对中国经济发展、产业结构等宏观领域的影响[75~78]。Jefferson等（2013）采用倍差法从微观角度发现，排污权机制能够带来经济和环境的双赢互动[79]。涂正革和谌仁俊（2015）验证了二氧化硫排污权制度一定程度上缓解了当前二氧化硫排污无效率的问题，但未能产生经济增长与环境改善的"波特效应"[80]。王倩和高翠云（2018）、李广明和张维洁（2017）、王文军等（2018）运用双重差分模型对中国碳排放权交易政策的环境红利、经济发展的影响及其影响机制进行分析，发现中国六个省份的碳交易试点对二氧化碳减排产生了显著的政策效应，实现了环境红利，在一定程度上能够缓解环境污染与经济发展的矛盾[81~83]。Fan等（2019）利用MDF分析方法研究发现，碳交易试点市场普遍缺乏效率且在逐步改善之中，碳交易试点的无效率短期内与市场活动呈正相关，长期来看与市场活动呈负相关[84]。综上所述，碳排放交易制度在减污降碳[85~92]、促进低碳技术创新[93, 94]、推动产业结构转型升级[95, 96]等方面具有积极的效应。

2.2.2.3　数字经济的相关研究

数字经济作为一种知识高度密集的经济形态，通过信息数据的互联互通为优化要素配置以及产业内部的协作分工创造了条件，从而提高资源利用效率以及实现节能减排，有利于经济发展由资源依赖型向创新驱动型转变、由粗放高碳型向绿色低碳型转变，是实现低碳发展的驱动引擎和动力源泉。2021 年 3 月，数字经济被列入《中华人民共和国国民经济和社会发展第十四个五年规划和 2035 年远景目标纲要》（以下简称《纲要》），《纲要》明确提出要进一步"打造数字经济新优势"，我国数字经济迎来了蓬勃发展的新征程。随着信息化、智能化、物联网、云计算、区块链等的快速发展，全球已进入了以大数据、人工智能、物联网、区块链等为主要支撑的新时代[97~101]。数字化技术已经渗透到了企业生产经营、政府管理和人民群众的日常生活中，对人民群众的生活、经济的发展产生了巨大的影响。中国是世界上数字技术发展最快的国家之一，中国以数字技术为主要手段、以数据为核心生产要素的数字经济正在蓬勃发展。

数字经济逐渐成为产业转型升级的重要推动力。近几年来，多数文献聚焦于数字经济综合指标测算（李照东，2024[102]；黄赜琳等，2022[103]）、数字经济与实体经济的关系（田秀娟和李睿，2022[104]；陈雨露，2023[105]），基于"经济—技术范式"的理论框架辨析数字经济与实体经济的关系，认为数字技术与生产部门、金融部门融合有利于助力产业结构优化调整，加快经济增长动能转换，推动经济高质量发展。目前已有少数文献开始关注数字经济对制造业转型升级的影响，李治国和王杰（2021）尝试从数据要素配置优化给出新的解释，认为数字经济发展具有制造业生产率提升和数据要素配置优化的双重红利[106]。韦庄禹（2022）考察了城市数字经济发展对微观制造业企业资源配置效率的影响，认为数字经济发展对非国有制造业企业的资源配置效率的提升更为显著[107]。孙雪娇和范润（2023）认为，数字经济发展显著提升了制造业上市公司全要素生产率，对于融资能力较强、技术创新能力较强以及组织适应性较强的大企业的影响更为显著[108]。王山和余东华（2023）认为，数字经济对制造业碳排放效率具有显著的"U"形非线性影响，并且"数字经济发展—能源强度降低—制造业碳排放效率"路径的降碳效果显著[109]。Deng 等（2022）从空间视角分析了数字经济对制造业绿色全要素生产率的影响，认为数字经济显著提升了制造业绿色全要素生产率，并产生了显著的空间溢出效应[110]。综合以上文献不难发现，现有关于数字经济与产业转型的研究仍有待继续完善。

在数字金融影响方面，主要包括其对经济增长、居民消费、技术创新和全要素生产率等方面的影响。经济增长方面，钱海章等（2020）研究发现，中国数字金融显著促进经济增长，揭示了数字金融发展影响实体经济的可能机制[111]。赵涛等（2020）探讨了数字经济影响高质量发展的效应及其背后机制，研究发现，数字经济激发大众创业，释放高质量发展红利[112]。居民消费方面，张勋等（2020）构建了一般均衡理论框架，研究发现，数字金融发展显著提升居民消费[113]，通过便利客户体验促进居民消费（易行健和周利，2018）[114]，尤其表现在与生活相关的基础型消费上（何宗樾和宋旭光，2020）[115]。技术创新方面，唐松等（2020）探讨了数字金融企业技术创新的影响及其内在机理，认为数字金融能够有效矫正传统金融的"属性错配""领域错配"和"阶段错配"，对企业技术存在"结构性"驱动效果[116]。聂秀华等（2021）运用系统 GMM 方法分析了数字金融与技术创新水平的关系，研究发现，数字金融通过缓解融资约束和优化产业结构提高技术创新水平[117]。也有学者从数字经济的绿色效应角度进行研究，段永琴等（2021）认为，数字金融通过促进技术密集型制造业发展降低实体经济单位 GDP 能耗，成为绿色发展新引擎[118]。朱东波和张相伟（2022）分析了数字金融对环境的影响，研究发现，数字金融通过促进结构转型和技术进步减少污染排放，通过规模扩张加剧污染排放[119]。江红莉和蒋鹏程（2022）分析了数字金融对绿色经济效率的非线性影响[120]。总体来看，现阶段数字金融推动绿色低碳循环发展的相关研究仍处于起步阶段。

2.2.2.4　技术创新的相关研究

伴随着大规模生产成为现实，资源衰竭、环境恶化、全球气候变化等技术负效应开始集中显现[121]。20 世纪六七十年代，为保护生态环境、缓解生态危机，西方国家发起了生态运动，绿色技术应运而生。1994 年，Brawn 和 Wield 在研究中引入了绿色技术的概念，将其定义为一种综合范畴，包括技术、工艺和产品的创新，旨在减少环境污染、降低能源消耗及减少原材料使用[122]。之后国内外学者对绿色技术进行了广泛研究，并从不同的视角和维度对其概念与内涵进行阐述。总体而言，绿色技术是通过减少环境污染、提高资源利用率、减少能源消耗，实现生态保护与经济发展双目标的一系列生产与环保技术。"绿色"是生态的代名词，生态友好是绿色技术与传统技术的最大区别[123~129]。

绿色技术创新是以生态环境与经济效益兼顾为目标的技术创新。绿色技术创新是"绿色的技术创新"，传统技术创新未考虑自然系统，不仅创新过程具有高耗能、高污染的特征，创新成果也仅服务于企业经营绩效和社会经济增长，对生态系统和自然环境的保护和修复作用微乎其微，但破坏能力巨大，因此具有不可持续性和非循环性。绿色技术创新考虑技术创新活动对自然系统的影响，更加注重技术创新过程的清洁性、可循环性和可持续发展性。绿色技术创新是"绿色技术的创新"，是对污染治理技术、能源利用提效技术、清洁能源技术等新兴绿色技术或清洁设备的创新研发和管理。绿色技术创新的成果为绿色技术，将绿色技术应用于生产、经营和消费的全过程，不仅有助于减少对各种自然资源的使用，还可以减少污染物的排放，最大化地发挥技术正效应，抑制技术负效应。

在宏观层面，与传统创新相比，绿色技术创新不仅能推动经济可持续发展，还会对生态环境产生影响（Abramovay，2010[130]；曹霞和于娟，2015[131]）。绿色技术创新有利于节约能源，减少生产过程中的污染废弃物排放，提升生态环境质量（张江雪和朱磊，2012）[132]。魏巍贤和马喜立（2015）构建了动态可计算一般均衡模型，研究发现，技术进步能有效地降低大气污染物的排放量，是治理雾霾的根本途径[133]。Hossain

和 Uzzal（2018）指出，技术创新可以最小化工业生态边界的环境负担，不仅可以有效解决垃圾处理问题，提高资源的利用效率和可持续性，还有助于控制温室气体排放[134]。进一步地，有学者以实现碳达峰和碳中和为目标，对绿色技术创新影响二氧化碳排放的效应进行评估。Ding 等（2016）利用意大利区域面板数据分析了绿色技术进步与二氧化碳排放及其排放效率之间的关系，发现绿色技术可以提升环境生产率[135]。王林珠等（2023）通过使用非期望产出模型和全局主成分—熵权法对综合指标进行测度，考察了绿色技术创新和高质量绿色发展之间的相互作用和协调水平；采用耦合协调模型，结合协整检验、格兰杰因果检验和面板向量自回归模型，系统地研究了绿色技术创新与高质量绿色发展的长期均衡和短期动态关系；研究结果显示，绿色技术创新与高质量绿色发展之间存在较强的互动水平和协调关系[136]。

在微观层面，绿色技术创新可以提高企业的生产效率，降低环境污染，有助于吸引更大规模的客户群体，提高客户和员工满意度，从而实现企业价值的增值[137]。在企业生产过程中绿色技术创新能够降低资源消耗、减少污染排放，同时降低声誉受损风险，有助于提升企业的环境绩效（Shu et al.，2016）[138]，对环境绩效具有显著的正向影响（Kraus et al.，2020[139]；Mahto et al.，2020[140]）。李杰义等（2019）基于长三角地区367家制造企业有效样本进行研究发现，绿色技术创新行为对企业的环境绩效具有正向影响[141]。

2.2.3 关于资源型产业高质量发展的效应研究

资源型产业高质量发展是推动国家和地区经济增长、社会进步和环境可持续的关键因素。以下从经济效应、就业效应和生态环境效应三个方面对资源型产业高质量发展的效应进行论述。

从资源型产业高质量发展的经济效应来看，江胜名（2022）基于2005~2020 年黄河流域 100 个地级市的面板数据，探究了资源型产业集聚对城市全要素生产率的影响，研究发现，多样化集聚有利于城市全要素生产率的提高，专业化集聚却抑制了城市全要素生产率的提高[142]。杨桐彬和朱英明（2021）基于 2005~2017 年我国 115 个资源型城市面板数据，实证检验产业协同集聚对可持续发展的影响，研究发现，资源型城市产业协同集聚对可持续发展具有促进作用[143]。严太华和李梦雅（2019）分析了 2007~2017 年我国 107 个资源型城市产业结构调整状况和产业结构调整对经济增长的影响，研究发现，资源型城市产业结构调整显著促进了经济增长[144]。

从资源型产业高质量发展的就业效应来看，不同学者对资源型产业高质量发展影响就业的观点不同。昌敦虎等（2023）以 2003~2019 年我国 117 个地级资源型城市为样本，运用双重差分模型分析了资源型城市可持续转型对就业的影响，研究发现，资源型城市可持续转型有利于扩大就业[145]。张娟和慧宁（2016）以 2004~2014 年我国 33 个地级资源型城市为样本，分析资源型城市环境规制的就业效应，结果表明，资源型城市环境规制的就业效应具有显著的门限特征，第三产业比重和工业利润率超过一定水平时，环境规制对就业率有显著的促进作用[146]。

从资源型产业高质量发展的生态环境效应来看，资源型产业高质量发展促进了环境治理技术的研发和应用，提高了资源利用效率，产生了绿色低碳效应。任阳军等（2020）以 2008~2016 年我国 30 个省份的面板数据为研究样本，探究资源型产业的绿色效应，研究发现，资源型产业的空间集聚对本地区绿色全要素生产率产生明显的负面影响，对其他地区绿色全要素生产率则产生显著的正向空间溢出效应[147]。黄寰等（2024）基于 2006~2020 年我国 115 个地级资源型城市面板数据，实证检验了资源型城市产业结构升级与政府生态环境注意力提升对绿色创新效率的影响，研究发现，资源型城市产业结构升级与政府生态环境注意力提升显著提升了城市绿色创新效率[148]。

2.2.4　研究评述

通过回顾和梳理资源型产业高质量发展的相关文献可以发现，国内外学者对资源型产业高质量发展的影响因素展开了一定的研究，为本书探讨资源型产业高质量发展的影响因素及其效应奠定了良好的基础，但仍然存在一定的研究空白和局限性。现有文献主要聚焦于高质量发展内涵、指标测度和实现途径三个方面的研究，关于资源型产业高质量发展的内涵和实现途径的研究却相对较少，在资源型产业高质量发展指标测度方面未达成共识，存在一定的随意性。具体而言，部分学者主要采取单一指标来表征资源型产业高质量发展或者构建指标体系测度资源型产业高质量发展水平。由于目前资源型产业高质量发展指标体系存在缺乏顶层设计、未能体现高质量发展内在要求、指标不可计量、指标数据测算歧异较大等现实问题，一定程度上降低了评价分析结果的科学性和准确性。综上所述，研究资源型产业高质量发展的文献相对较少，识别影响资源型产业高质量发展的关键因素的研究文献则更为鲜见。通过对资源型产业高质量发展的现存问题、影响因素以及效应的相关文献的梳理，为后续章节资源型产业高质量发展的影响因素以及效应的实证分析提供了新的视角和方向。

2.3　本章小结

本章从理论基础和文献综述两个方面为资源型产业高质量发展的研究提供了理论支撑和学术背景。本章阐述了技术创新理论、可持续发展理论、生态经济理论与低碳经济理论。在文献综述部分，本章对资源型产业高质量发展的现存问题、影响因素和效应相关文献进行了系统梳理。回顾了学术界对资源型产业及其在资源型城市中作用的早期关注，指出资源型产业的发展问题一直是研究的热点。对不同政策在资源型产业高质量发展中的作用进行了文献回顾，强调了老工业城市和资源型城市在我国重化工产业和能源资源保障中的战略地位。从经济效应、就业效应和生态环境效应三个方面，对资源型产业高质量发展的效应进行了文献综述。

　　综上所述，本章为后续研究资源型产业高质量发展提供了理论基础和文献参考，明确了资源型产业高质量发展的重要性和研究的必要性，为接下来的实证分析和政策建议打下了坚实的理论基础。

第 3 章
资源型产业高质量发展的综合
测度方法与判断

通过对资源型产业高质量发展现状的一系列分析，本章选择全要素生产率作为评判产业高质量发展的重要指标，测算了绿色全要素生产率以表征资源型产业高质量发展水平，基于不同地区讨论资源型产业高质量的空间异质性。主要包括以下内容：①选择合适的测算方法。②构建了资源型产业高质量发展指标体系，对投入变量和产出变量的选择进行了说明。③基于非期望产出的 SBM-DDF-GML 指数法测算资源型产业高质量发展水平，并探究资源型产业高质量发展的空间异质性。

3.1 测算方法的选择

本章采用基于 SBM 方向函数的 GML 指数对 2008~2021 年全国 31 个省份资源型产业高质量发展进行测度。依照 SBM 模型设定，设共有 n 个生产决策单元（DMU），每个 DMU 投入 m 种生产要素 $x = (x_1, x_2, \cdots, x_m) \in R_m^+$；并有 s_1 种期望产出 $y^g = (y_1^g, y_2^g, \cdots, y_{s_1}^g) \in R_{s_1}^+$，$s_2$ 种非期望产出 $y^b = (y_1^b, y_2^b, \cdots, y_{s_0}^b) \in R_{s_0}^+$；记第 k 个 DMU_k（k=1，2，$\cdots$，n）在 t 时期（t=1，2，$\cdots$，T）的投入产出为 $(x_{k,t}, y_{k,t}^b, y_{k,t}^b)$。

将 t 时期的生产可能集定义为：

$$P_t = \left\{ (x_t, \ y_t^g, \ y_t^b) \middle| x_t \geq \sum_{}^{n} z_{k,t} x_{k,t}, \ y_t^g \leq \sum_{}^{n} z_{k,t} y_{k,t}^g, \ y_t^g \geq \sum_{}^{n} z_{k,t} y_{k,t}^b \right\}$$

其中，$Z_{k,t}$ 表示在 t 时期 DMU_k 的各要素（包括投入要素及产出要素）的权重；在规模报酬可变（VRS）的生产条件下要求 $\sum_{}^{n} z_{k,t} = 1$，去掉此条件则表示规模报酬不变（CRS）。

基于 SBM 的方向距离函数定义如下：

$$\vec{S}_V^G(x^{t,k'}, \ y^{t,k'}, \ b^{t,k'}, \ g^x, \ g^y, \ g^b) = \max_{s^x, s^y, s^b} \frac{\frac{1}{N}\sum_{n=1}^{N}\frac{s_n^x}{g_n^x} + \frac{1}{M+1}\left(\sum_{m=1}^{M}\frac{s_m^y}{g_m^y} + \sum_{i=1}^{I}\frac{s_i^b}{g_m^b}\right)}{2}$$

$$s.t. \sum_{t=1}^{T}\sum_{K=1}^{K} z_k^t x_{kn}^t + s_n^x = x_{k'n}^t, \ \forall n; \sum_{t=1}^{T}\sum_{K=1}^{K} z_k^t y_{km}^t - s_m^y = y_{k'm}^t, \ \forall m; \sum_{t=1}^{T}\sum_{K=1}^{K} z_k^t b_{ki}^t + s_i^b = b_{k'i}^t, \ \forall i$$

$$\sum_{k=1}^{K} z_k^t = 1, \ z_k^{t\geqslant 0}, \ \forall k; \ s_n^x \geqslant 0, \ \forall n; \ s_m^y \geqslant 0, \ \forall m; \ s_i^b \geqslant 0, \ \forall i$$

其中，$x^{t,k'}$，$y^{t,k'}$，$b^{t,k'}$ 表示决策单元 k' 的投入产出向量；g^x，g^y，g^b 表示方向向量；s_n^x，s_m^y，s_i^b 表示松弛向量。

根据已有研究，基于 SBM 方向距离函数的 GML 指数构建如下：

$$GML_t^{t+1} = \frac{1 + \vec{S}_V^G(x^t, \ y^t, \ b', \ g)}{1 + \vec{S}_V^G(x^{t+1}, \ y^{t+1}, \ b^{t+1}, \ g)}$$

其中，GML_t^{t+1} 表示 GTFP 从 t~t+1 期的变化率。2008~2021 年我国各省份 GTFP 具体算法为：各省份以 2008 年为基期并假定该年份的 GTFP 为 1，2009 年的 GTFP 为 $GTFP_{2009} = GML_{2008}^{2009} \times GTFP_{2008}$，以此类推，计算其他各年份的 GTFP。

3.2　资源型产业高质量发展指标体系构建

3.2.1　资源型产业

资源型产业也被称为资源产业或资源部门。资源型产业的定义并不明确，有些人认为，"资源"包括所有自然资源；而另一些人则认为，"资源"只包括不可再生资源。从广义上讲，资源型产业是指利用自然资源的产业。从狭义上讲，资源型产业是与自然资源有关的产业。本书采用了资源型产业的狭义定义，即资源型产业是指那些依赖于资源的开采、加工和使用，从而对自然资源产生依赖的产业。考虑到资源的特殊性，资源型产业有三个特点：一是稀缺性。资源稀缺意味着资源型产业使用的大部分资源都是有限的、不可再生的，资源稀缺也意味着资源型产业的成本极高。二是不可再生性。不可再生资源的积累和开发需要很长时间，因为它们具有代际效应，如果当代人过度开发，就会导致后代开发不足。三是负外部性。在资源型产业的资源消耗初期，由于资源的特殊性和开采的复杂性，不可避免地会对环境造成破坏，进而对生产环境产生明显的外部效应。

本书将研究重点放在了资源型产业的具体领域上，通过参照相关年份《国家统计年鉴》及《中国工业经济统计年鉴》来明确这一产业的详细分类。依据资源型产业的特征，可以将之分类为三大主要领域：矿产开发类行业，资源加工制造类行业，电力、热力生产和供应业，共计13个具体类别，最终选择煤炭开采和洗选业，石油和天然气开采业，黑色金属矿采选业，有色金属矿采选业，非金属矿采选业，石油加工、炼焦和核燃料加工业，非金属矿物制品业，黑色金属冶炼和压延加工业，有色金属冶炼和压延加工业，金属制品业，电力、热力的生产和供应业的面板数据作为研究对象。具体分类如表 3-1 所示。

表 3-1 资源型产业分类

资源型产业	子产业
矿产开发类行业	煤炭开采和洗选业
	石油和天然气开采业
	黑色金属矿采选业
	有色金属矿采选业
	非金属矿采选业
资源加工制造类行业	石油加工、炼焦和核燃料加工业
	化学原料和化学制品制造业
	化学纤维制造业
	非金属矿物制品业
	黑色金属冶炼和压延加工业
	有色金属冶炼和压延加工业
	金属制品业
电力、热力生产和供应业	电力、热力生产和供应业

在我国经济发展中，资源型行业发挥了至关重要的作用。尽管我国的自然资源在各个地区分布不均，但是这些行业在区域经济中的差异性显而易见。2016 年数据显示，国内超过 70% 的农业生产资料、超过 80% 的工业原材料以及超过 90% 的能源供应依靠矿产资源。这一事实凸显了自然资源在我国社会经济发展中的主导地位，并且凸显了资源型产业在国家发展战略中的不可或缺性。国家发展与改革委员会的相关责任人指出，中国的资源依赖型地区表现出经济能力的连续增长。自 2012 年起，资源型城市的综合经济实力及竞争力显著增强，其经济规模从 15.7 万亿元增长至 2022 年的接近 30 万亿元，几乎翻倍。这些地区借助比较优势，加深了与邻近的中心城市及省会城市的合作，通过与先进的生产力量和创新资源的有效对接，促进了城市发展的均衡与协调。此外，这些地区采纳了"引进来"与"走出去"相结合的策略，专注于构建高级别的对外开放平台。截至 2022 年底，多个依赖资源的城市如唐山成功建立了综合性保税区域。同时，抚顺市在辽宁省内作为 28 个类似城市之一，也设立了针对跨境电

商的综合实验区，标志着开放性合作层面的持续增强。总之，资源型产业的发展呈现出多元化和复杂化的特点。企业需要全面了解各方面因素的变化情况和发展趋势，制定科学合理的发展战略和经营策略，以实现可持续发展和提高市场竞争力。

3.2.2　指标体系构建

3.2.2.1　构建原则

构建指标体系是测度资源型产业高质量发展的基础与核心，也是评价结果具有可信度的关键所在。为了更加全面、客观、科学地进行评价，要遵守以下几点原则：科学性、客观性、区域性和可操作性原则。

（1）科学性原则。每一个评价指标的选择都必须有科学性，必须能够通过分析说明指标可以代表某个系统，这就要求在确定评价指标时，必须参阅资料与数据，选择适宜的指标。评价指标体系的科学性就是说必须符合实际情况，能够综合反映资源型产业高质量发展的状况。

（2）客观性原则。资源型产业高质量发展评价指标体系，能够反映事物的本质特征。数据、准确、公正、可靠，处理方法要科学、灵活，具体应该反映主要目标的实现程度。这就要求评价指标定义清晰明了，否则建立的协调模型就不能很好地反映实际情况。只有当评价指标体系有理论依据作为支撑时，评价结果才能真实和客观，才能更好地指导实践活动。

（3）区域性原则。由于历史性和地域性差异，不同区域的资源环境和经济发展状况存在异质性，因此在构建评价指标体系时，必须充分考虑资源型产业高质量发展的特性。同时，作为一个复杂的综合系统，选取的指标不仅需要反映局部性，而且还要能够反映全面性。

（4）可操作性原则。在选择评价指标体系时，需要考虑指标数据获取的难易程度和数据的标准化性，因为并不是所有的评价数据都能够获取、都能够标准化。对于那些对资源环境和经济影响较大又不容易度量的数据，可以采用相近或类似的指标进行代换。

3.2.2.2　资源型产业高质量发展指标体系构建

资源型产业高质量发展更聚焦于产业绿色转型，实现从传统高消耗、高污染发展模式向绿色、低碳、循环的发展模式转变，涉及绿色生产方式的推进、产业结构的调整、技术创新与研发、环境治理与生态保护等方面。绿色全要素生产率的本质是以最少的资源投入和最小的环境代价获得最大的经济价值，提高全要素生产率是高质量发展的动力源泉，全要素生产率本质上是一种资源配置效率，产业结构优化、企业竞争、创新竞争带来的资源重新配置都能提高全要素生产率。本书用绿色全要素生产率来表征资源产业高质量发展指标。因此，绿色全要素生产率测度评价的相关指标需要综合反映产业的投入与产出状况，一般从资源和环境两大维度展开。其中，资源维度主要包括水资源总量、固定资产等；环境维度主要包括产业生产中产生的 SO_2、烟尘等。按照生态化效率评价指标的科学性、可比性和可获得性原则，研究模型指标设计中包含投入指标和产出指标。其中，投入指标包括生产过程中全社会的固定资产投资、从业人员等；产出指标分为期望产出指标和非期望产出指标。期望产出包括经济产出，用 GDP 来代表；非期望产出主要是指在产业生产过程中产出的"三废"等。本书选取 2008~2021 年中国 31 个省份的面板数据，利用基于非期望产出的 SBM-DEA 模型测度各省份的资源型产业高质量发展水平，具体指标如表 3-2 所示。

表 3-2　资源型产业高质量发展指标体系

目标	一级指标	二级指标		属性
		具体测度指标	指标计算方式	
资源型产业高质量发展	投入指标	劳动力投入	资源型产业从业人员总数（万人）	+
		资本投入	固定资产净值（亿元）	+
		能源投入	能源消费总量（万吨标准煤）	+
	期望产出指标	经济产出	工业总产值（亿元）	+
	非期望产出指标	"三废"产出	工业废水排放量（万吨）	−
			工业 SO_2 排放量（万吨）	−
			工业烟尘排放量（万吨）	−

3.2.3　变量说明

（1）投入指标。投入指标包括劳动力投入、资本投入和能源投入 3 个指标，资源型产业高质量发展需要大量的劳动力投入、资本投入以及能源投入作为重要支撑。劳动力投入采用年末资源型产业从业人员总数来表示劳动力投入。资本投入采用资源型产业固定资产净值进行计算。能源投入以相当于 1 万吨标准煤的能源消耗总量表示消费总量来衡量，能源消费类型包括天然气、液化石油气和电力。转换系数参考"综合能耗计算通则"，分别为 1.33kgtec/m^3、1.71443 kgtec/kg 和 $0.1229\text{ kgtec/}（\text{kW}\cdot\text{h}）$。

（2）期望产出指标。期望产出指标采用各个地区资源型产业工业总产值来进行衡量。

（3）非期望产出指标。非期望产出指标采用工业 SO_2 排放量、工业烟尘排放量、工业废水排放量来衡量。

3.2.4　数据来源

本书采用 31 个省份（不包括港澳台地区）相关数据测算了资源型产业高质量发展指标。数据来源于 2009~2022 年的《中国工业经济统计年鉴》《中国统计年鉴》《中国环境统计年鉴》《中国能源统计年鉴》以及各省（市）的统计年鉴等。基于前文对资源型产业高质量发展内涵的分析和阐释，严格遵循科学性、客观性、区域性、可操作性原则构建资源型产业高质量发展综合评价指标体系，投入指标包括资本投入、劳动力投入和能源投入 3 个二级指标；期望产出指标包括经济产出 1 个二级指标；非期望产出指标包括"三废"产出，具体为工业 SO_2 排放量、工业烟尘排放量、工业废水排放量。最终测算了 2008~2021 年 31 个省份（不包括港澳台地区）的绿色全要素生产率，作为资源型产业高质量发展水平的最新成果。

本书采用 SBM-DML 指数测算资源型产业高质量发展指标及其分解指标。由于资源型产业高质量发展涉及多个指标，而指标之间由于具有不同的量纲而无法直接进行计算，故而对各指标的原始数据进行无量纲化处理。本书根据基础数据特征，拟对正向指标采用公式$x_{ij}^* = \dfrac{X_{ij}}{X_{max}} \times 100$进行无

量纲化处理，其中，X_{ij}表示第 i 个指标下第 j 个地区的原始值，公式为 x_{ij}

标准化后的值，X_{max}是指标 i 在所有地区中的最大值。对于负向指标，先

取其倒数将其正向化，再进行无量纲处理，采用公式$x_{ij}^* = \dfrac{1}{|x_{ij}|} \times 100$进行标准

化处理。

3.3 资源型产业高质量发展水平分析

3.3.1 绿色全要素生产率（GML）指数测算结果

2008~2021 年，大部分省份的绿色全要素生产率（GML）指数呈现出上
升趋势（见表 3-3），这表明中国在推动绿色经济发展方面取得了一定的
成效。2021 年的平均 GML 指数（1.008）高于 2008 年（0.997）和 2014
年（0.988），显示出绿色经济增长的整体势头。不同省份的 GML 指数波
动较大。部分省份如河北、江苏和河南的 GML 指数在 2021 年有显著提升，
而内蒙古、新疆等地的 GML 指数则相对较低，这可能反映了地区间在绿
色发展策略和实施效果上的差异。河北、江苏和河南的 GML 指数在 2021
年排名前三，显示出这些省份在绿色经济增长方面的突出表现。特别是河
北省，不仅在 2008 年排名第一，在 2021 年同样保持领先，说明其绿色经
济增长的持续性和稳定性。作为中国的两个直辖市，北京和上海的 GML
指数在 2014 年表现较好，但在 2021 年并未保持领先，这可能与其经济
发展速度、产业结构调整以及环境治理的挑战有关。尽管西藏的经济总量
相对较小，但其 GML 指数在 2014 年排名第一，这可能与其特殊的地理位
置、生态保护政策以及相对较低的工业化程度有关。2008~2021 年的平均

GML 指数为 1.004，这表明在这段时间内，中国各省份的绿色经济增长平均每年增长 0.4%。

表 3-3　2008~2021 年中国 31 个省份 GML 的增长率（指数）测算结果

省份	2008 年	2014 年	2021 年	2008~2021 年均值
北京	0.999	1.000	1.018	1.005
天津	0.997	0.997	1.009	1.005
河北	1.008	0.974	1.065	1.026
山西	1.007	0.968	1.003	1.003
内蒙古	0.981	0.981	0.987	0.997
辽宁	0.998	0.976	1.001	1.004
吉林	1.003	0.988	1.007	1.006
黑龙江	0.995	0.995	1.001	1.001
上海	1.002	1.001	1.000	1.003
江苏	0.989	0.986	1.045	1.023
浙江	1.001	0.991	0.994	1.002
安徽	0.990	0.985	1.002	1.002
福建	0.995	0.988	0.998	1.000
江西	0.996	0.996	1.006	1.004
山东	0.996	0.968	1.025	1.017
河南	0.999	0.984	1.031	1.018
湖北	0.991	0.995	1.004	1.005
湖南	1.002	0.993	1.006	1.005
广东	0.994	0.986	1.007	1.004
广西	0.994	0.995	1.007	1.006
海南	1.001	0.999	1.000	0.999
重庆	0.994	0.993	1.006	1.003
四川	0.999	0.985	0.992	1.003
贵州	1.005	0.996	1.008	1.006
云南	0.998	0.996	1.005	0.997
西藏	1.000	1.006	1.011	1.000
陕西	0.994	0.969	0.999	1.000

续表

省份	2008 年	2014 年	2021 年	2008~2021 年均值
甘肃	1.000	0.983	0.999	1.001
青海	0.997	0.992	1.006	1.000
宁夏	1.001	0.997	1.001	0.999
新疆	0.991	0.978	0.997	0.992
平均值	0.997	0.988	1.008	1.004

3.3.2 技术进步（TC）指数测算结果

表 3-4 列示了中国 2008~2021 年 31 个省份的技术进步（Technical Change，TC）增长率（指数）测算结果。2008~2021 年，大多数省份的 TC 指数呈现出上升趋势，这表明中国在提高技术进步方面取得了进展。2021 年的平均 TC 指数（1.007）高于 2008 年（1.000）和 2014 年（1.000），显示出技术进步的整体提升。与 GML 指数类似，不同省份的 TC 指数波动较大，反映了地区间在技术进步提升方面的差异。江西、河南和山东的 TC 指数在 2021 年排名前三，显示出这些省份在提高技术进步方面的突出表现。特别是江西省，在 2008 年排名第一，表明其在技术进步方面有显著优势。内蒙古在 2014 年的 TC 指数中排名第一，在 2008 年和 2021 年有所下降，这可能表明其技术进步的提升并不稳定。作为发达城市，北京和上海的 TC 指数在 2021 年表现较好，但在 2008 年并不突出，这可能与其经济结构的调整和技术进步的阶段性特征有关。年均 TC 指数：2008~2021 年的平均 TC 指数为 1.010，这表明在这段时间内，中国各省份的技术进步平均每年增长 1.0%。山东、江西和广东等省份的年均 TC 指数排名靠前，说明这些省份在提升技术进步方面表现较好。海南、青海和宁夏等地可能需要进一步改进技术进步和生产力。

表 3-4 中国 2008~2021 年 31 个省份 TC 的增长率（指数）测算结果

省份	2008 年	2014 年	2021 年	2008~2021 年均值
北京	0.999	1.000	1.018	1.005

续表

省份	2008 年	2014 年	2021 年	2008~2021 年均值
天津	0.997	0.997	1.009	1.005
河北	0.876	0.977	1.065	1.018
山西	1.007	0.998	0.983	1.032
内蒙古	0.999	1.252	0.990	1.021
辽宁	0.968	1.005	0.988	1.019
吉林	1.000	0.993	0.990	1.002
黑龙江	1.003	0.986	0.980	1.006
上海	1.002	1.000	1.022	1.010
江苏	0.989	0.986	1.045	1.023
浙江	1.018	0.995	1.000	1.014
安徽	0.994	0.987	0.997	1.004
福建	1.003	0.986	0.997	1.004
江西	1.111	0.996	0.998	1.015
山东	0.996	0.968	1.041	1.035
河南	1.016	0.984	1.136	1.018
湖北	0.993	0.987	1.000	1.003
湖南	1.001	0.992	0.993	1.005
广东	0.994	0.986	1.016	1.030
广西	1.004	0.990	1.002	1.003
海南	1.001	0.999	1.000	0.999
重庆	1.003	0.996	0.994	1.001
四川	1.001	0.985	0.993	1.007
贵州	1.003	0.991	0.991	1.004
云南	1.006	0.991	0.997	1.007
西藏	1.000	1.006	1.011	1.000
陕西	1.002	0.986	0.989	1.005
甘肃	1.010	0.995	0.999	1.005
青海	0.999	1.001	0.999	1.001
宁夏	1.002	0.999	0.994	1.001
新疆	0.991	0.981	0.983	1.012
平均值	1.000	1.000	1.007	1.010

3.3.3 规模效率（EC）指数测算结果

表 3-5 列示了中国 2008~2021 年 31 个省份的规模效率（Efficiency Change，EC）增长率（指数）测算结果。以下是对表格内容的详细解读：2008~2021 年，大多数省份的 EC 指数变化不大，平均值在 1.000 左右波动，这表明中国各省份的规模效率总体上保持稳定。2021 年的平均 EC 指数（1.001）略高于 2008 年（0.999）和 2014 年（0.990），显示出规模效率的小幅提升。河北、辽宁、吉林、黑龙江和广西在 2008 年的 EC 指数排名靠前，显示出这些省份在规模效率方面的优势。河北在 2008 年的 EC 指数排名第一，但在 2014 年和 2021 年有所下降，这可能表明其规模效率的提升并不持续。尽管黑龙江在 2008 年的 EC 指数排名较低，但在 2014 年和 2021 年表现优异，分别排名第一和第二，显示出其规模效率的显著提升。2008~2021 年的平均 EC 指数为 0.996，这表明在这段时间内，中国各省份的规模效率平均每年几乎持平。贵州、吉林和江西等省份的年均 EC 指数排名靠前，说明这些省份在维持和提升规模效率方面表现较好。

表 3-5　中国 2008~2021 年 31 个省份 EC 的增长率（指数）测算结果

省份	2008 年	2014 年	2021 年	2008~2021 年均值
北京	1.000	1.000	1.000	1.000
天津	1.000	1.000	1.000	1.000
河北	1.150	0.998	1.000	1.014
山西	1.000	0.970	1.021	0.976
内蒙古	0.982	0.783	0.998	0.999
辽宁	1.031	0.971	1.013	0.989
吉林	1.003	0.994	1.017	1.005
黑龙江	0.992	1.009	1.022	0.996
上海	1.000	1.001	0.979	0.995
江苏	1.000	1.000	1.000	1.000
浙江	0.984	0.997	0.994	0.989
安徽	0.996	0.998	1.006	0.998
福建	0.993	1.002	1.001	0.996

省份	2008 年	2014 年	2021 年	2008~2021 年均值
江西	0.896	1.000	1.008	0.992
山东	1.000	1.000	0.984	0.986
河南	0.984	1.000	0.908	1.002
湖北	0.998	1.008	1.005	1.002
湖南	1.001	1.001	1.013	1.000
广东	1.000	1.000	0.991	0.979
广西	0.989	1.005	1.005	1.004
海南	1.000	1.000	1.000	1.000
重庆	0.991	0.997	1.013	1.002
四川	0.998	1.000	0.999	0.997
贵州	1.002	1.005	1.017	1.001
云南	0.992	1.005	1.008	0.991
西藏	1.000	1.000	1.000	1.000
陕西	0.992	0.982	1.011	0.995
甘肃	0.989	0.988	1.000	0.997
青海	0.998	0.991	1.007	0.999
宁夏	1.000	0.998	1.007	0.998
新疆	1.000	0.998	1.015	0.980
平均值	0.999	0.990	1.001	0.996

3.4　本章小结

本章采用 SBM-DML 指数测算资源型产业高质量发展指标及其分解指标。从整体上分析了资源型产业高质量发展指数及其分解指数的演变特征。通过全面而深入的分析，本章主要得出以下两个方面的结论：

（1）本章选择了测度资源型产业高质量发展指标的方法，基于 2008~2021 年中国 31 个省份的面板数据，利用基于非期望产出的 SBM-GML 指数测度资源型产业高质量发展水平。

（2）从整体层面来看，2008~2021年，大部分省份的GML指数呈现出上升趋势，这表明中国在推动绿色经济增长方面取得了一定的成效。2021年的平均GML指数（1.008）高于2008年（0.997）和2014年（0.988），显示出绿色经济增长的整体势头。大多数省份的GML指数呈现出上升趋势，这表明中国在提高技术进步（TC）方面取得了进展。2008~2021年，大多数省份的EC指数变化不大，平均值在1.000左右波动，这表明中国各省份的规模效率（EC）总体上保持稳定。

| 第 4 章 |
资源型产业高质量发展的时空格局分析

4.1 资源型产业高质量发展空间格局演变分析

4.1.1 绿色全要素生产率（GML）空间格局分析

运用 ArcGIS 分析方法，分别将 2008 年、2014 年、2021 年中国资源型产业高质量发展分为低水平、中等水平、次高水平和高水平 4 个等级。中国资源型产业高质量发展呈现出逐步上升的空间格局，其具体演化特征为：① 2008 年，内蒙古资源型产业高质量发展处于中等水平，2014 年内蒙古资源型产业高质量发展水平达到 0.981，处于次高水平，2021 年内蒙古资源型产业高质量发展水平达到 0.987，可以看出内蒙古资源型产业高质量水平呈现上升趋势，这是因为内蒙古坚持走生态优先绿色发展之路，内蒙古把筑牢我国北方重要生态安全屏障作为首要战略定位，把保护生态环境摆在压倒性位置。内蒙古全力推动产业结构与能源结构同步调整，坚持降碳、减污、扩绿、增长协同推进，一手抓保供、一手抓保护，一手稳定能源供给、一手推进能源革命。② 2014 年，河南、山西、河北、辽宁和山东资源型产业高质量发展处于中等水平，其余省份处于次高水平和高水平，次高等水平区"集群化"特征最为明显，包括湖北、湖南、贵州、江西等中部省份。③ 2021 年，内蒙古、新疆、四川和浙江处于次高水平，其余省份均为高水平，高水平区趋于分散，其范围进一步向中部、北部等地区扩大。

4.1.2 技术进步（TC）空间格局分析

运用 ArcGIS 分析方法，分别将 2008 年、2014 年、2021 年中国资源型产业技术进步水平分为低水平、中等水平、次高水平和高水平 4 个等级。中国资源型产业技术进步呈现出逐步上升的空间格局，其具体演化特征为：① 2008 年，西部和中部大多数省份的资源型产业技术进步处于中等水平，内蒙古资源型产业绿色技术进步水平为 0.999，排名第 22，处于高水平。2014 年，内蒙古资源型产业绿色技术进步水平为 1.252，在全国排名第 1，这表明内蒙古在新一轮科技革命和产业变革以及我国经济发展进入新常态的背景下，切实结合自身经济发展的特点、优势，以创新驱动方式来进一步推进资源型产业的转型升级。在党的十八大报告提出"创新驱动发展战略"后，2013 年 3 月，内蒙古自治区党委政府根据国内外经济形势及区情，提出了"8337"发展思路。"8337"发展思路明确提出，创新驱动发展战略是推动自治区经济社会又好又快发展的必然选择。2014 年，内蒙古自治区政府还制定了《内蒙古自治区创新驱动发展规划（2013~2020 年）》（以下简称《规划》），对内蒙古自治区创新驱动发展的步调进行了规划。《规划》指出，经过 5~7 年的努力，科技创新能力和区域综合科技实力显著增强，区域创新体系更加完善。2008~2021 年内蒙古资源型产业绿色技术进步均值水平为 1.021，排名第 5，这说明内蒙古绿色技术进步保持较高水平。② 2021 年，河北和河南资源型产业绿色技术进步呈现爆发式提升，南部地区广西、广东资源型产业绿色技术进步处于次高水平，东部地区山东、江苏和浙江资源型产业绿色技术进步也处于次高水平，次高等水平区"集群化"特征最为明显。

4.1.3　规模效率（EC）空间格局分析

运用 ArcGIS 分析方法，分别将 2008 年、2014 年、2021 年中国资源型产业绿色规模效率分为低水平、中等水平、次高水平和高水平 4 个等级。中国资源型产业绿色规模效率呈现波动上升趋势，具体演化特征为：① 2008 年，大多数省份资源型产业绿色规模效率处于中等水平，北京、辽宁、吉林资源型产业绿色规模效率处于高水平。② 2014 年，内蒙古资源型产业绿色规模效率处于低水平，这可能是因为内蒙古长期处于投资驱动阶段，盲目急剧扩张规模，而忽视投资规模的质量，造成规模效率下降，在一定程度上抵消了技术进步带来的增长效应。一方面，在全国创新高速发展的背景下，科技创新成果转化速度过慢或创新产出数量过少均会导致规模效率较低，从而抑制区域整体创新效率和创新规模效率的提高，造成创新效率水平较低；另一方面，创新资源投入与配置不合理，不足或过大的创新资源影响同样会制约区域整体纯技术效率的提高。资源型产业本身的特点决定了其发展具有资金投入量大、建设周期长、资产专用性强等特点，与其他产业相比，其自身结构演进发展的刚性和惯性较强。与此同时，资源型产业的上述特点也使其更易受到经济发展周期、市场价格等因素波动与变化的影响。在经济发展、市场环境相对宽松的时期，会出现资源产业的利润远高于社会平均利润率、资源财富快速集中于资源型产业的现象，进而形成对大量生产要素的吸纳与锁定。③ 2021 年，大多数省份资源型产业绿色规模效率处于次高水平和高水平。随着资源型产业关注绿色和质量，并探索新的转型路径，在保持技术进步的同时，注重提高规模效率，即提高资源配置水平、加大投入使产业转型，产生规模效益，使产业规模、效率有所提升。

4.2 资源型产业高质量发展时间变化趋势分析

4.2.1 绿色全要素生产率（GML）时间变化趋势分析

2008 年，大多数省份的 GML 指数都接近或略高于 1.000，这表明中国各省份的绿色经济增长率保持了相对稳定。河北在 2008 年的 GML 指数最高，为 1.008，排名第 1。2014 年，部分省份的 GML 指数出现了下降，如河北从 2008 年的第 1 名下降到 2014 年的第 28 名，GML 指数为 0.974。北京和上海的 GML 指数在 2014 年表现较好，分别排名第 3 和第 2，显示出这些发达地区的绿色经济增长势头。2021 年，多个省份的 GML 指数有所提升，尤其是河北，其 GML 指数达到 1.065，再次排名第 1，显示出强劲的绿色经济增长趋势。一些西部省份如甘肃、青海的 GML 指数也有所提升，这可能反映了国家西部大开发战略的成效。这一趋势可能受到国家层面政策的影响，如推动绿色发展、节能减排和生态文明建设等政策的实施。随着时间的推移，各省份可能逐步调整经济结构，减少对高污染、高能耗产业的依赖，转向更加绿色和可持续的发展模式。图 4-1 显示了中国各省份在绿色经济增长方面的积极变化。虽然存在区域差异，但大多数省份的 GML 指数呈现出上升趋势，这表明中国在推动绿色经济发展方面取得了一定的成效。未来，需要继续关注各省份绿色经济增长的持续性，以及如何通过政策引导和经济结构调整进一步促进绿色经济的全面发展。

4.2.2 技术进步（TC）时间变化趋势分析

2008 年，多数省份的 TC 指数接近或略高于 1.000，表明技术进步在当时保持了相对稳定。江西省在 2008 年的 TC 指数最高，为 1.111，排名第 1，这可能反映了该省在技术进步方面的优势。辽宁、吉林等省份的

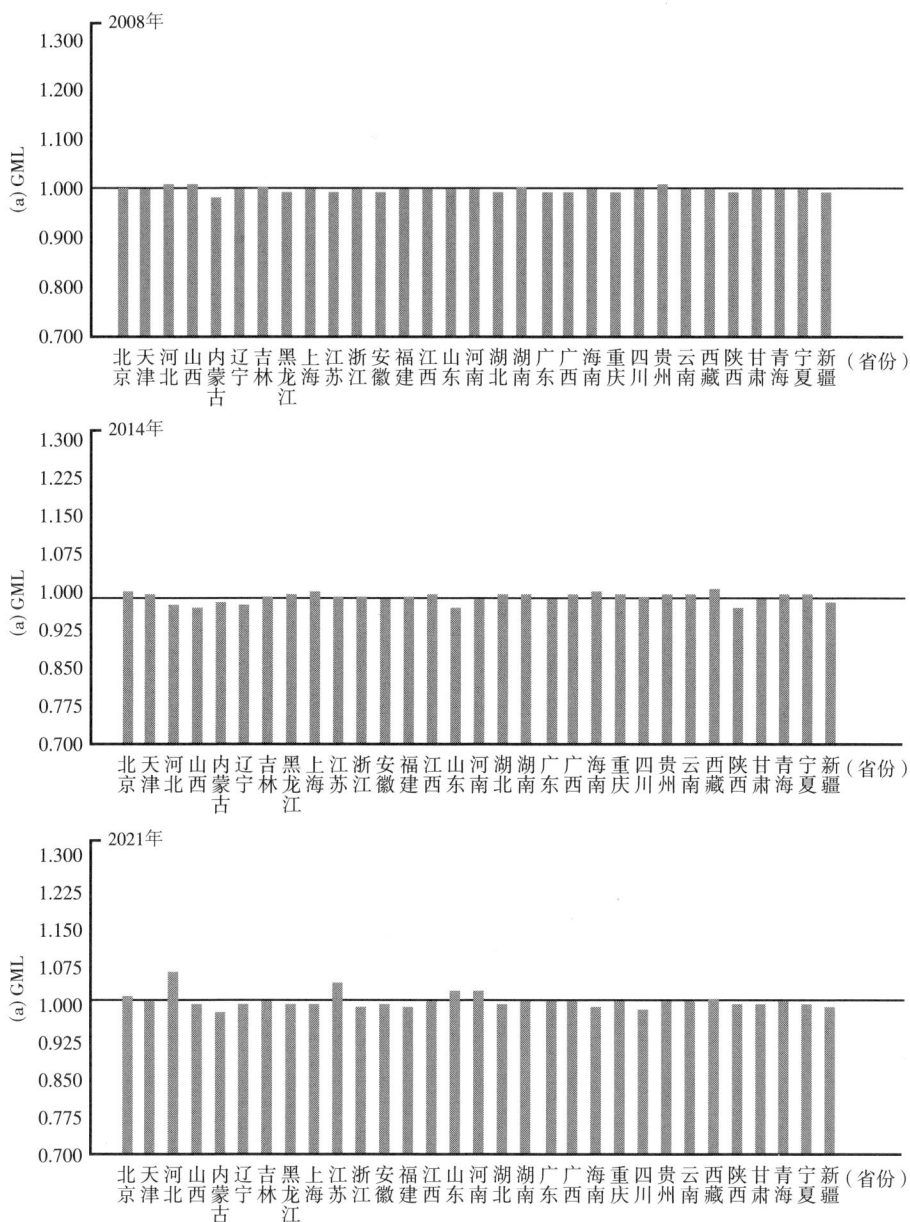

图 4-1　中国资源型产业绿色全要素生产率增长时间趋势演变

TC 指数也较高，显示了这些省份在技术进步方面的良好表现。2014 年，部分省份的 TC 指数出现了变化。例如，内蒙古的 TC 指数在 2014 年排名第 1，为 1.252，这可能意味着该地区在技术进步方面取得了显著进步。

北京、天津等地区的 TC 指数在 2014 年有所下降，这可能反映了这些地区在技术进步提升方面遇到了挑战。2021 年，多个省份的 TC 指数有所提升，尤其是河北，其 TC 指数达到 1.065，排名第 1，显示出技术进步的显著提高。西部地区如甘肃、青海的 TC 指数也有所提升，这可能表明这些地区在技术进步方面的追赶效应。不同省份的 TC 指数增长趋势存在差异。一些省份如河北、江苏和山东在 2021 年的 TC 指数较高，表明这些省份在提高技术进步方面取得了显著成效。这一趋势可能反映了技术进步和创新能力在不同省份的发展，政府对于技术创新和产业升级的政策支持可能对 TC 指数的提升起到了积极作用。图 4-2 显示了中国各省份在技术进步方面的趋势。虽然存在区域差异，但大多数省份的 TC 指数呈现出上升趋

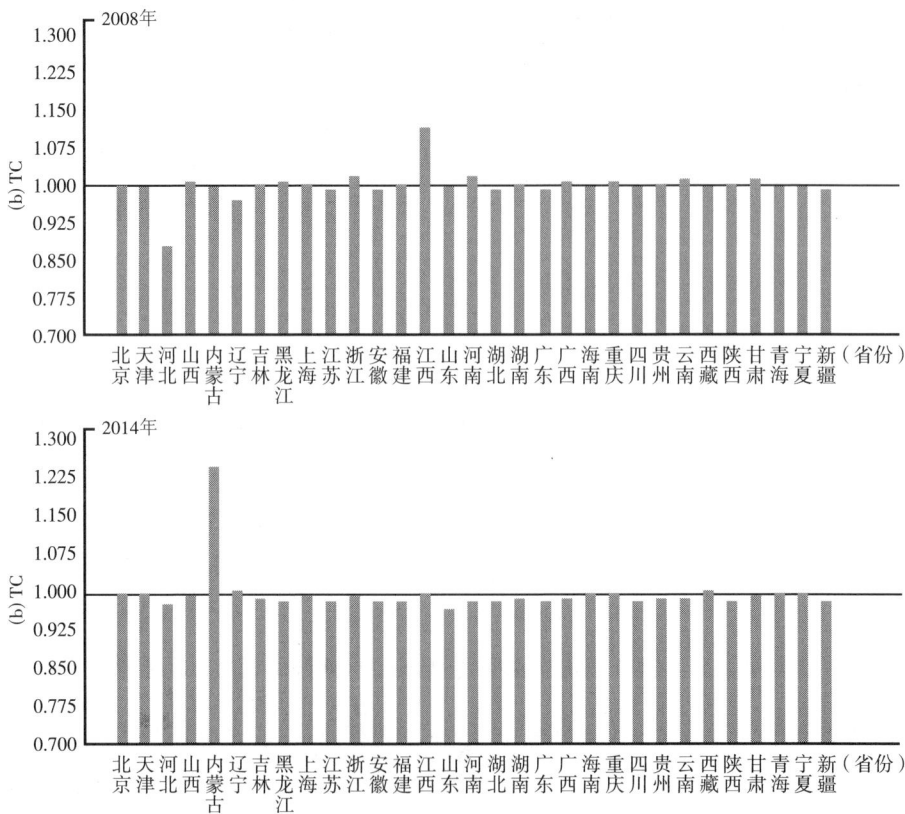

图4-2 中国资源型产业技术进步时间趋势演变

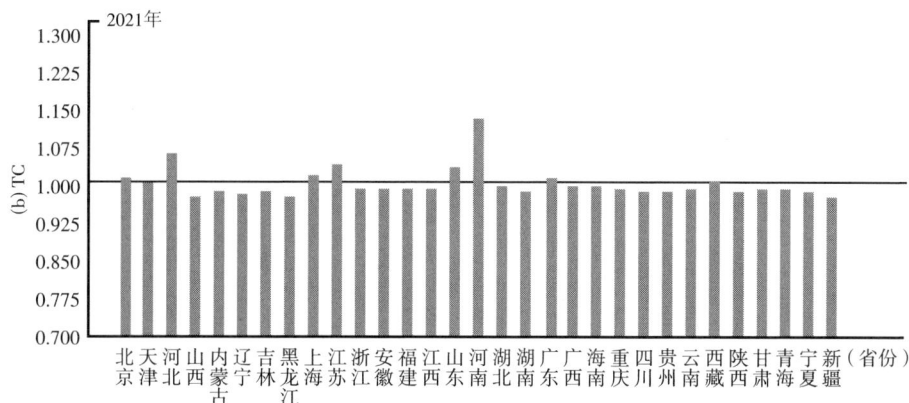

图 4-2 中国资源型产业技术进步时间趋势演变（续）

势，这表明中国在提高技术进步方面取得了进展。未来，需要继续关注技术进步的提升，特别是在中西部地区，通过技术创新和产业升级进一步促进技术进步。

4.2.3 规模效率（EC）时间变化趋势分析

2008 年，多数省份的 EC 指数接近或略高于 1.000，表明规模效率在当时保持了相对稳定。河北、辽宁、吉林、黑龙江和广西在 2008 年的 EC 指数排名靠前，显示出这些省份在规模效率方面的优势。江西、内蒙古和浙江在 2008 年的 EC 指数排名靠后，可能需要关注其规模效率的提升。2014 年，一些省份的 EC 指数有所下降，如河北从 2008 年的第 1 名下降到 2014 年的第 28 名，EC 指数为 0.977。江西、内蒙古和浙江的 EC 指数在 2014 年依然较低，这可能反映了这些地区在规模效率方面面临挑战。2021 年，多个省份的 EC 指数有所提升，尤其是河北，其 EC 指数达到 1.000，排名第 1，显示出规模效率的显著提高。西部地区如甘肃、青海的 EC 指数也有所提升，这可能表明这些地区在规模效率方面的追赶效应。不同省份的 EC 指数增长趋势存在差异。一些省份如河北、河南和甘肃在 2021 年的 EC 指数较高，表明这些省份在提高规模效率方面取得了显著成效。这一趋势可能受到国家层面政策的影响，如推动绿色发展、节能减排和生态文明建设等政策的实施。随着时间的推移，各省份可能逐步调整经济结构，减少对高污染、高能耗产业的依赖，转向更加环保的生产和消费模式。具体趋势如图4-3所示。

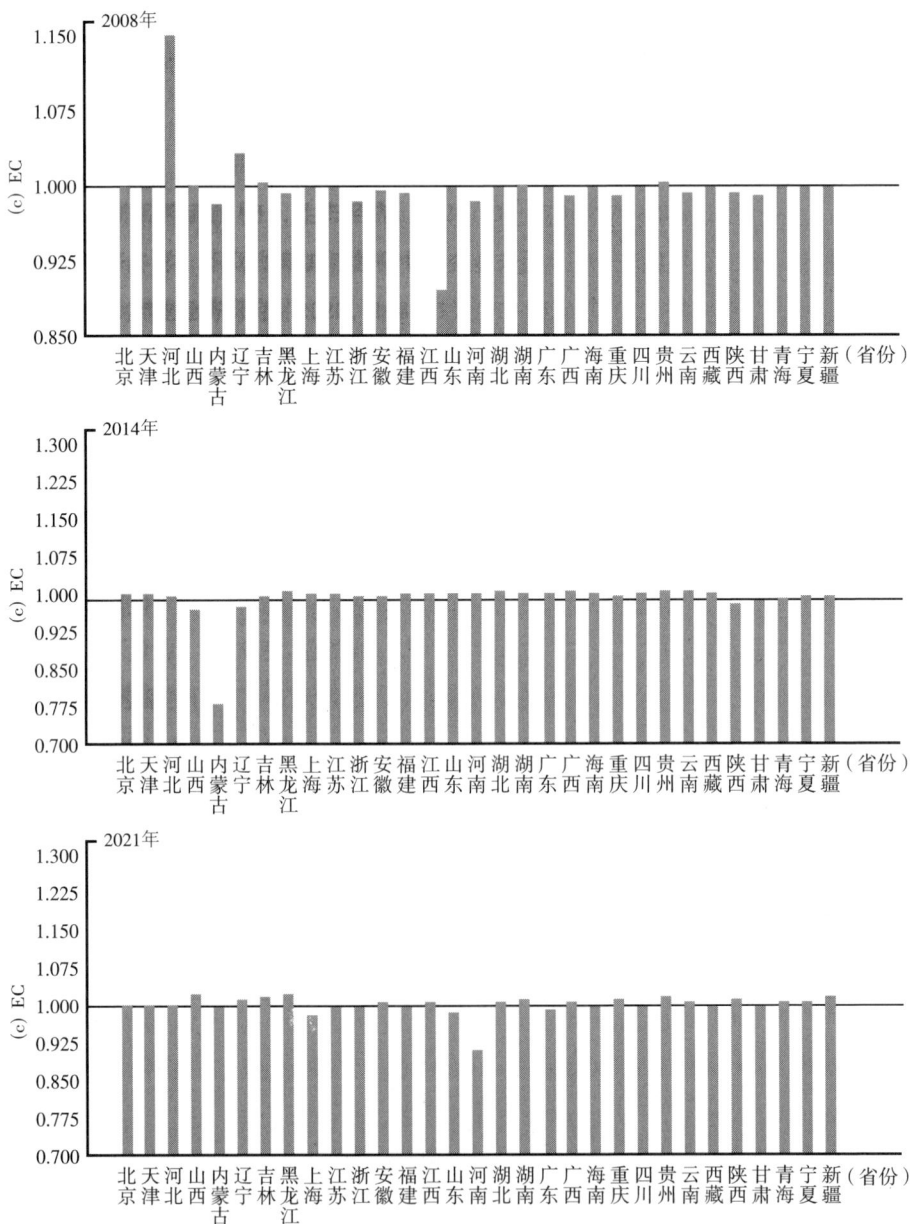

图4-3 中国资源型产业规模效率时间趋势演变

4.3　本章小结

本章对资源型产业高质量发展的时空格局进行了详细分析，运用 ArcGIS 分析方法探究了资源型产业高质量发展的空间格局和时间变化趋势。本章具体内容如下：

（1）运用 ArcGIS 分析方法，将 2008 年、2014 年、2021 年中国资源型产业高质量发展的绿色全要素生产率（GML）、技术进步（TC）、规模效率（EC）水平划分为四个等级，并揭示了其空间格局的演变特征。结果表明，中国资源型产业高质量发展整体呈现出逐步上升的空间格局，这表明我国资源型产业在绿色发展、创新驱动、效率提升等方面取得了显著成效。不同区域的演化特征存在异质性。其中，内蒙古资源型产业高质量发展水平呈现上升趋势，这是因为内蒙古坚持走生态优先绿色发展之路，全力推动产业结构与能源结构同步调整，坚持降碳、减污、扩绿、增长协同推进，一手抓保供、一手抓保护，一手稳定能源供给、一手推进能源革命。

（2）本章对资源型产业高质量发展的时间变化趋势进行了深入分析，对绿色全要素生产率（GML）、技术进步（TC）、规模效率（EC）的时间序列变化进行了详细探讨。通过对 2008 年、2014 年、2021 年三个时间节点的数据分析发现，多个省份 GML 指数有所提升，尤其是河北，排名第一，西部省份如甘肃、青海的 GML 指数也有所提升，这可能反映了国家西部大开发战略的成效。技术进步（TC）方面，大多数省份的 TC 指数呈现出上升趋势，这表明中国在提高技术进步方面取得了进展。多个省份的 EC 指数有所提升，尤其是河北，其 EC 指数达到 1.000，排名第 1，显示出规模效率的显著提高。

第 5 章

资源型产业高质量发展的关键影响因素识别

作为负责任的大国，中国始终将节能减排事业作为经济转型发展的重要任务。"双碳"目标的提出，是我国应对全球气候变化的庄严承诺，为了实现"碳达峰、碳中和"，需要对现行社会经济体系进行一场广泛而深刻的系统性变革。因此，研究碳排放可能的重要助推力并破解环境保护和经济增长的矛盾具有极强的现实意义和学术价值。第 4 章运用 SBM-DDF-GML 对资源型产业高质量发展水平进行了测度，并分别从空间和时间双重维度上分析了资源型产业高质量发展水平的演化趋势，本章试图在第 4 章的基础上识别影响资源型产业高质量发展的关键因素，从产业政策、环境政策、数字经济和绿色技术创新多个方面分析资源型产业高质量发展的驱动机制。

本章采用文献综述法来识别影响资源型产业高质量发展的关键因素。通过对相关文献的深入分析，识别了四个关键因素，这些因素对资源型产业高质量发展产生了显著影响。首先，国家产业转型升级示范区试点政策通过提供政策和财政支持，为资源型产业的绿色转型创造了有利条件。彭飞和金慧晴（2021）采用双重差分模型评估国家产业转型升级示范区试点政策的实施效果。研究发现，示范区试点政策显著推动了资源型和老工业城市转型升级，促进了当地产业结构高度化和合理化[69]。其次，碳交易市场的建立使资源型产业在面临碳排放约束的同时，也有了通过减排获得经济收益的激励机制。黄怡和程慧（2022）认为，碳交易能够较为显著地降低资源型城市对传统资源的依赖程度，但此种影响具有一定滞后性，且平行趋势检验和安慰剂检验结果均能够支持这一实证结果。研究结论对于增强中国碳交易市场发展信心、促进区域经济绿色低碳转型有一定的积极作用[149]。再次，技术进步，特别是清洁能源和高效采矿技术的应用显著提升了资源型产业的生产效率和环保水平。毛成刚等（2022）认为数字经济能促进资源型地区产业结构升级，进一步发现数字经济的覆盖广度和数字化程度是促进资源型地区产业结构高级化的关键因素，数字经济对数字经济发展水平较低的中西部地区产业结构高级化产生的影响效应更大，数字经济通过推动传统金融发展和技术创新进而提升产业结构高级化[150]。最后，数字经济的快速发展为资源型产业提供了新的增长点，通过数字化转型，能够实现更精细化的管理和更高的资源配置效率。岳立和闫慧贞（2023）认为，技术进步是推动城市绿色发展的关键，他们运用Super-SBM模型测度资源型城市绿色发展效率，检验技术进步对于绿色发展效率的影响，结果表明，技术进步与资源型城市绿色发展效率存在显著的"U"形关系。这些因素的影响推动了资源型产业向高质量发展的转型[151]。

综上所述，相关文献认为，产业政策、环境政策、数字经济和绿色技术创新对资源型产业高质量发展产生显著的影响，从多种视角阐述了宏观政策以及其他因素对资源型产业高质量发展的影响。

5.1 关键因素一：产业政策

产业转型升级示范区政策的目标定位是推动老工业城市和资源型城市转型升级。产业转型升级示范区是指为加快老工业城市和资源型城市转型升级，由国家发展改革委、科技部、工业和信息化部、国土资源部和国家开发银行联合支持设立的，在推进城市更新改造和产业结构调整方面先行先试、探索经验、做出示范的区域。我国高度重视这类地区的发展，先后出台了《全国老工业基地调整改造规划（2013—2022 年）》《全国资源型城市可持续发展规划（2013—2020 年）》《中共中央　国务院关于全面振兴东北地区等老工业基地的若干意见》等多个规划和政策文件。2016 年9 月国家发展改革委、科学技术部、工业和信息化部、国土资源部和国家开发银行联合制定并印发了《关于支持老工业城市和资源型城市产业转型升级的实施意见》，计划在全国建立老工业城市和资源型城市产业转型升级示范区。对此各地方政府响应中央政策号召，积极争取中央政府的示范区建设名额。而后中央政府根据各地发展特点和申报情况，经过严格审核在 2017 年 4 月国家发展改革委、科学技术部、工业和信息化部、国土资源部和国家开发银行联合制定并印发了《关于支持首批老工业城市和资源型城市产业转型升级示范区建设的通知》，该文件确定了 12 个城市（经济区）为全国首批产业转型升级示范区，并对示范区下一步建设重点探索的示范领域进行了明确。2019 年 8 月，《关于进一步推进产业转型升级示范区建设的通知》出台，新增北京京西、大连沿海、大庆等 8 个示范区。国家产业转型升级示范区发展历程如表 5-1 所示。

表 5-1　国家产业转型升级示范区发展历程

时间	事件
2016 年 9 月	国家发展改革委等五部门《关于支持老工业城市和资源型城市产业转型升级的实施意见》发布，计划在全国建立老工业城市和资源型城市产业转型升级示范区
2017 年 4 月	国家发展改革委等五部门《关于支持首批老工业城市和资源型城市产业转型升级示范区建设的通知》印发，该文件确定了 12 个城市（经济区）为全国首批产业转型升级示范区
2019 年 8 月	《关于进一步推进产业转型升级示范区建设的通知》出台，新增北京京西、大连沿海、大庆等 8 个示范区

（1）通过改造传统优势产业促转型升级。推进以智能化、绿色化、服务化为重点的技术改造，挖掘和提升存量产能的巨大潜力。支持装备制造业增强重大技术装备研发成套能力，提高基础零部件、基础工艺、基础材料的研制应用水平，大力实施精益制造和智能化改造试点示范。

（2）通过培育新技术、新产业、新模式、新业态促转型升级。加快推动产学研用结合和技术成果转化，培育发展一批新技术、新产业、新模式、新业态，培育壮大具有比较优势的战略性新兴产业。

（3）通过承接产业转移和产业合作促转型升级。建立项目环境准入标准，在防止污染转移的基础上，积极承接有利于延伸产业链、提高技术水平、促进资源综合利用、充分吸纳就业的产业，支持毗邻的老工业城市和资源型城市在相对集中的成片区域内试点，加强二、三产业融合合作与协同发展，促进要素流动和资源整合，强化产业链上下游的衔接配套，推进共同转型。

（4）通过工业化与信息化融合发展、制造业与服务业融合发展促转型升级。积极引导制造业企业充分利用互联网技术，推广工业设计、定制化服务、供应链管理、全生命周期管理等新模式，大力发展服务型制造业，对产品设计、营销方式、支付结算、售后服务等环节进行创新，培育科技、物流、电子商务等生产型服务业。

国家产业转型升级示范区（截至 2019 年 8 月）如表 5-2 所示。

表 5-2　国家产业转型升级示范区

批次	时间	示范区名单	涉及省份
首批	2017 年 4 月	辽宁中部（沈阳—鞍山—抚顺）、吉林中部（长春—吉林—松原）、内蒙古西部（包头—鄂尔多斯）、河北唐山、山西长治、山东淄博、安徽铜陵、湖北黄石、湖南中部（株洲—湘潭—娄底）、重庆环都市区、四川自贡、宁夏东北部（石嘴山—宁东）12 个城市（经济区）	辽宁、吉林、内蒙古、河北、山西、山东、安徽、湖北、湖南、重庆、四川、宁夏（12 个）
第二批	2019 年 8 月	北京京西、大连沿海、黑龙江大庆、江苏徐州、江西萍乡、河南西部、广东韶关、贵州六盘水等	北京、黑龙江、江苏、江西、河南、广东、贵州（7 个）

5.2　关键因素二：环境政策

　　碳排放权交易，是指运用市场经济来促进环境保护的重要机制，允许企业在碳排放权交易规定的排放总量不突破的前提下，可以用这些减少的碳排放量，使用或交易企业内部以及国内外的能源。《京都议定书》第 17 主题规定，碳排放权交易是一个可交易的配额制度，碳排放权交易市场是实现碳达峰与碳中和目标的核心政策工具之一。2013 年 6 月 18 日，国内首个碳排放权交易平台在深圳启动，标志着中国碳交易市场建设迈出了关键性一步。此后，北京、天津、上海、广东、湖北、重庆等省份先后启动了碳排放权交易试点。经过一年多的发展，各试点省份的碳交易市场规则逐步完善。中国碳交易市场发展情况如表 5-3 和表 5-4 所示。

表 5-3　中国低碳减排政策和"双碳"目标下的碳交易市场发展历程

时间	事件
2011 年 10 月	印发《关于开展碳排放权交易试点工作地通知》
2013 年 6 月	深圳、北京、上海、广东、天津开展碳排放权交易试点工作
2014 年 2 月	湖北、重庆开展碳排放权交易试点工作
2016 年 9 月	福建开展碳排放权交易试点工作
2017 年 12 月	《全国碳排放权交易市场建设方案（发电行业）》发布
2020 年 12 月	《2019—2020 年全国碳排放权交易配额总量设定与分配实施方案（发电行业）》发布
2020 年 12 月	《碳排放权交易管理办法（试行）》公布

表 5-4　中国碳交易市场试点

时间	碳交易市场试点
2013 年 6 月	深圳碳交易市场
2013 年 11 月	上海碳交易市场、北京碳交易市场
2013 年 12 月	广东碳交易市场、天津碳交易市场
2014 年 4 月	湖北碳交易市场

时间	碳交易市场试点
2014 年 6 月	重庆碳交易市场
2016 年 12 月	福建碳交易市场

2011 年 10 月,《关于开展碳排放权交易试点工作地通知》印发,标志着碳排放权交易试点的开始。2013 年 6 月,深圳、北京、上海、广东、天津成为中国第一批开展碳排放权交易试点的地区。2014 年 2 月,湖北、重庆成为第二批开展碳排放权交易试点的地区。2016 年 9 月,福建成为第三批开展碳排放权交易试点的地区。2017 年 12 月,《全国碳排放权交易市场建设方案(发电行业)》发布,标志着全国碳排放权交易市场的建设进入了一个新的阶段。2020 年 12 月,《2019—2020 年全国碳排放权交易配额总量设定与分配实施方案(发电行业)》发布,标志着全国碳排放权交易市场进入了一个新的阶段。2020 年 12 月,《碳排放权交易管理办法(试行)》公布,标志着全国碳排放权交易市场的管理和运行进入了规范化和法制化的新阶段。

在中国碳排放权交易市场正式成立之前,欧盟碳排放权交易体系和美国碳排放权交易体系是全球最大的两个碳排放权交易体系,它们为全球碳市场发展提供了重要的参考和借鉴。欧盟碳排放权交易体系于 2005 年 1 月 1 日正式运行,是全球规模最大、运行时间最长的碳市场,可供交易的产品种类齐全,包括配额现货及金融衍生品等。欧盟碳排放权交易市场通过对各企业强制规定碳排放量,为全球碳减排作出巨大贡献,对其他国家和地区的碳排放权交易市场产生了广泛的示范作用。而美国碳排放权交易体系则是全球首个以法律形式明确碳排放权交易制度的国家。2003 年,美国开始实施"酸雨计划",该计划以市场化的手段来解决酸雨问题,建立了以市场交易为手段的排污权机制。2009 年,美国通过《美国清洁能源安全法案》,正式建立国内碳排放权交易制度,开展碳排放权交易活动。这两个碳排放权交易体系在碳排放权分配、排放监测与核查、排放权交易、违约惩罚等方面具有很多值得借鉴的经验，为中国碳排放权交易市场的建设提供了重要的参考。绿色技术创新（GTI）作为一种新型的环保创新方法，正逐渐成为推动绿色环保、经济增长与环境保护协同发展的重要驱动力。

5.3　关键因素三：数字经济

数字经济的要义在于数字技术的使用，不同于传统的经济模式，数字经济的现代化、系统化优势主要依托数字信息和网络基础设施的应用。同时，数字经济能够更好地促进技术与经济的融合，促进创新，激发经济活力，从而提升社会经济的整体价值。从宏观经济的角度来看，数字经济中数据的整合和分析能力可以为决策者提供更准确、更及时的信息，帮助他们更好地理解经济运行的态势和变化，从而采取更有效的政策措施。通过对就业数据的分析，政府可以更好地把握就业市场的供需状况，采取针对性的政策来促进就业和人才培养。同时，数字资源的应用可以提升生产率和效率。通过数字化技术，企业可以实现生产过程的智能化和自动化，降低生产成本，提高产品质量，从而增强竞争力。此外，数据和数字资源的创新也可以为经济增长注入新动力。通过创新应用数字技术，可以培育新的产业和业态，拓展新的市场空间。

从国家五年发展规划来看，中国数字经济伴随信息化进程，从数字内容产业和数字城市建设，到互联网产业体系，再到未来数字中国、数字经济和数字生态的全面建设发展。"十二五"发展规划提出全面提高信息化水平，构建下一代信息基础设施建设；加强信息服务，发展互联网增值服务、信息安全服务和数字内容服务；推动数字城市建设"十三五"发展规划提出拓展网络经济空间，发展现代互联网产业体系，实施国家大数据战略，强化信息安全保障。"十四五"发展规划提出加快数字化发展，建设

数字中国；打造数字经济新优势；加快数字社会建设步伐；提高数字政府
建设水平；营造良好数字生态。"十四五"时期部分省份数字经济发展内
容如表 5-5 所示。

表 5-5 "十四五"时期部分省份数字经济发展内容

省份	"十四五"规划数字经济内容	相关政策
广东	建设具有国际竞争力的数字产业集群，打造全球数字经济发展新高地。建设"数字湾区"、数字政府、数字社会，建设国家数字经济创新发展试验区。推动金融数字化、智能化转型，开展数字货币试点，打造金融科技高地	《广东省数字经济发展规划 2018—2025 年》
北京	大力发展集成电路、新能源智能汽车、医药健康、新材料等战略性新兴产业，前瞻布局量子信息、人工智能、工业互联网、卫星互联网、机器人等未来产业。加快数字货币试验区建设，建设全球数字经济标杆城市。深入实施北京大数据行动计划，加紧布局 5G、大数据平台、车联网等新型基础设施，实施应用场景建设"十百千工程"，建设一批数字经济示范应用场景	《北京市促进数字经济创新发展行动纲要（2020—2022 年）》
江苏	扩大重大科技基础设施、战略性新兴产业、卓越产业链投资，布局 5G 通信网络、大数据、物联网、特高压、智能电网、人工智能等新型基础设施建设。建设全国数字经济创新发展新高地，制订工业互联网发展行动计划，加快发展优势制造行业的工业核心软件，建设全国顶尖的工业软件企业集聚高地，积极创建国家"5G+工业互联网"融合应用先导区，探索建设金融支持科技创新改革试验区、数字货币试验区	《省政府办公厅关于深入推进数字经济发展的意见》《江苏省"十四五"数字经济发展规划》
浙江	深入实施数字经济五年倍增计划，建设国家数字经济创新发展试验区，打造数字强省、云上浙江。加快国家（杭州）新型互联网交换中心、5G、工业互联网、大数据中心建设和下一代互联网规模部署，推进新技术、算力和融合型智能化基础设施建设，建设人工智能、第三代半导体、类脑芯片、柔性电子、前沿新材料、量子信息等未来产业先导区。加快打造数字产业化发展引领区、产业数字化转型示范区、数字经济体制机制创新先导区，争取数字人民币试点，建设数字技术创新中心，加快打造数字变革策源地。创建国家制造业创新中心等高能级平台	《浙江省数字经济促进条例》《浙江省数字经济发展"十四五"规划》
上海	加快推进上海金融科技中心建设，推动集成电路、生物医药、人工智能三大先导产业规模倍增，加快发展电子信息、汽车、高端装备、先进材料、生命健康、时尚消费品六大重点产业，大力发展在线新经济等新业态新模式。持续推进"一网通办"建设，完善全方位政务服务体系，成为政务服务最优、营商环境最好的"网购型"服务城市。加强"云、数、网、端、安"基础设施建设，实现"一屏观天下、一网管全城"	《上海加快发展数字经济推动实体经济高质量发展的实施意见》
山东	推动数字产业化，加快集成电路、光电子、高端软件等关键基础领域创新突破，打造先进计算、新型智能终端、超高清视频、信创等具有较强竞争力的数字产业集群	《数字山东发展规划（2018—2022 年）》

续表

省份	"十四五"规划数字经济内容	相关政策
四川	培育壮大"芯屏端软智网"全产业链，发展大数据、物联网、区块链等新兴产业，打造具有全国竞争力的数字产业集群。推动数据资源开发利用，创建跨行业、跨领域的国家级工业互联网平台，建设国家工业互联网标识解析（成都）节点，打造深度应用场景。布局建设云计算中心，加快建设成渝地区大数据产业基地	《四川省人民政府关于加快数字经济高质量发展的实施意见》

5.4　关键因素四：绿色技术创新

党的十八大明确提出实施创新驱动发展战略，党的十九大进一步要求通过创新驱动经济实现高质量发展。因此，创新驱动转型已成为资源型企业破解长期面临的深层次矛盾的根本途径，是切实提质增效、实现可持续发展的必然选择。然而，对于关乎我国经济发展命脉的资源型产业而言，资源依赖性强、创新基础薄弱、工艺设备依靠引进、产品附加值低、风险抵御能力弱等特征，决定了其仅依靠密集消耗内部资源的传统封闭式创新很难破解发展"瓶颈"。因此，突破组织边界，借助开放式创新有效获取、整合、利用外部创新资源，是资源型企业转型走上创新驱动发展道路、提高市场竞争力及综合效益，从而实现高质量发展的关键，深入研究创新对资源型产业实现提质增效和成功转型具有重要意义。

绿色技术创新是顺应绿色化、生态化趋势，谋求可持续发展的重要途径。其既能满足客户功能性需求，又在产品生命周期全过程中符合环保要求，低耗高效地设计、开发与生产新产品，从而节省资源和能源、减轻或消除环境污染。与传统技术创新相比，绿色技术创新更重视创新各阶段的节能降耗。绿色技术创新不仅关注提升资源利用效率，而且致力于实现经济、社会和生态的协调统一发展。随着政府对环境保护的重视程度不断提升和公众环保意识的日益增强，绿色技术创新已成为推动可持续发展的关键因素。它在促进生态环境保护和引导经济发展方式转变中起到了不可替代的作用。通过绿色技术的创新和应用，不仅可以有效减轻传统经济活动对环境的压力，还能开辟新的经济增长点，推动经济结构的优化升级。因此，绿色技术创新不仅符合当前全球可持续发展的要求，还为未来的经济发展提供了新的动力和方向，是实现绿色发展理念的关键途径。面向2030年碳达峰及2060年碳中和的宏伟目标，产业转型升级已成为新时期资源型城市供给侧结构性改革的重要抓手。开展绿色技术创新能否给资源型产业高质量发展带来有效的帮助？会产生怎样的影响？本书将通过实证分析回答这些问题。

5.5　本章小结

本章从多个视角深入分析了宏观政策及其他关键因素对资源型产业高质量发展的影响，分析了国家产业转型升级示范区试点政策、碳排放权交易、数字经济和绿色技术创新等多方面因素对资源型产业高质量发展的影响。通过多维度的视角，本章得出以下结论：

（1）政策引导作用显著：国家产业转型升级示范区试点政策为资源型产业的转型升级提供了明确的方向和强有力的支持，通过政策激励和制度创新，推动了资源型城市和老工业基地的可持续发展。

（2）碳排放权交易市场的影响：碳交易市场的建立和发展对资源型产业的绿色发展起到了重要作用，通过市场化手段促进了产业低碳转型，提高了资源型产业的绿色全要素生产率。

（3）数字经济的融合效应：数字经济的快速发展为资源型产业带来了新的发展机遇，通过数字化转型，资源型产业实现了生产方式的变革和产业结构的优化。

（4）绿色技术创新的推动力：技术进步是资源型产业高质量发展的重要驱动力，新技术的应用和创新提升了产业效率，促进了产业链的优化和升级。

| 第6章 |
产业政策对资源型产业高质量发展的影响研究

6.1 研究背景

    国家产业转型升级示范区是我国为推进老工业基地制造业竞争优势重构，建设现代化产业体系而设立的一种特殊区域。这些示范区旨在通过实施一系列政策和发展战略，加快产业结构调整，推动产业技术创新，提高产业附加值，增强区域竞争力。老工业城市和资源型城市作为我国重要的重化工产业基地和能源资源战略保障基地，在推动工业化进程中作出重要贡献。为推动老工业城市和资源型城市产业转型升级，2017年发展改革委等五部门发布的《关于支持首批老工业城市和资源型城市产业转型升级示范区建设的通知》，开启了产业转型升级示范区建设之路，2019年确定了第二批示范区名单。

    老工业基地为我国工业化进程作出了重要的历史贡献。然而，老工业基地普遍存在高能耗、高排放问题，从而导致"路径锁定"和"资源诅咒"现象。高能耗和高排放不仅限制了老工业基地的可持续发展，还影响了区域的环境质量。因此，破解这些问题是实现区域高质量发展的关键。在此背景下，本章试图回答以下问题：国家产业转型升级示范区政策能否促进资源型产业高质量发展？更进一步地，示范区政策的影响是否存在区域异质性？

6.2 研究假设

产业转型升级示范区通过政策引导、技术创新、产业链延伸、环保要求、人才引进、市场开拓、融资渠道多元化以及信息化技术的应用，全面推动了资源型产业的高质量发展。具体而言，政策支持降低了企业运营成本，技术创新提升了生产效率和产品质量，产业链协同发展推动了高附加值产品的生产，严格的环保标准促进了绿色发展，高端人才的引进和培养提升了创新能力和管理水平，广阔的市场和国际合作渠道扩大了市场空间，多元化的融资渠道缓解了资金压力，而信息化和数字化技术则实现了智能制造和精细化管理。这些因素共同作用，使资源型产业在示范区内实现了高质量发展，提升了市场竞争力和可持续发展能力。产业转型升级示范区通过一系列政策引导、技术创新、产业链延伸、环保要求、人才引进、市场开拓、融资渠道多元化以及信息化技术的应用，全面推动了资源型产业高质量发展。首先，示范区内的政策支持包括税收优惠、资金补贴和技术研发支持等，有效降低了资源型企业的运营成本，提高了其利润空间。其次，示范区聚集了大量高新技术企业和研发机构，为资源型产业提供了技术合作和创新平台，通过引进先进技术和自主研发，显著提升了生产效率和产品质量。再次，示范区强调产业链的延伸和协同发展，促进了上下游产业的对接和融合，使资源型企业能够更好地利用原材料优势，发展深加工和高附加值产品，优化和升级产业链。在环保和可持续发展方面，示范区严格执行环保标准，要求资源型企业加大环保技术投入，减少污染排放，提升资源利用效率，不仅实现了绿色发展，还提高了市场竞争力和社会认可度。此外，示范区吸引大量高素质人才，这有利于提升企业的创新能力。示范区的广阔市场和便捷的国际合作渠道，使资源型企业能够开拓国内外市场，参与国际竞争，学习和借鉴先进管理经验和技术，从而提升国际化水平和市场竞争力。多元化的融资渠道如银行、投资基金和风险投资等，帮助企业缓解资金压力，促进技术改造和产品升级。最后，信息化和数字化技术在示范区内的广泛应用，使资源型企业能够通过大数据、物联网和人工智能技术实现智能制造和精细化管理，提升生产效率和产品质量。据此，本书提出以下假设：

假设 1：产业转型升级示范区促进资源型产业高质量发展。

6.3　研究设计

6.3.1　模型构建

自 2017 年以来，国家发展改革委等五部委开始推进产业转型升级示范区政策，这为本书提供了一个良好的"准自然实验"对象。因此，本章采用双重差分法来评估产业转型升级示范区政策对资源型产业高质量发展的影响。将第一批产业转型升级示范区涉及的 12 个省份和第二批产业转型升级示范区涉及的 7 个省份视为处理组，其余视为控制组。

产业政策可以被认为是展开的一项新的政策实验，政策的实施会影响其中一部分区域，而另外一些区域可能不受政策的影响或受政策影响不显著，这项政策实验被称为自然实验（Natural Experiment）或准自然实验（Quasi-Experiment），而不是随机对照实验。双重差分估计模型（Difference in Difference）最初是由 Ashenfelter 和 Card 提出来的，被用来评估在经济等领域中某政策的实施效果，在该方法中受政策影响的省份作为处理组，不受政策影响的省份作为控制组。本书将个体虚拟变量和时间虚拟变量交互项引入模型，从而更准确地评估产业政策对资源型产业高质量发展的影响效应。根据上述分析，基于 DID 方法的回归模型设定如下所示：

$$GML_{it}=\beta_0+\beta_1 ITU_{it}+\beta_2 Road_{it}+\beta_3 Mar_{it}+\beta_4 Sci_{it}+\beta_5 Gov_{it}+\varepsilon_{it}$$

其中，i 表示省份，t 表示年份；GML_{it} 代表 i 省份第 t 年的资源型产业高质量发展；ITU_{it} 为衡量不同省份在不同年份是否设立国家级产业转型升级示范区；$Road_{it}$、Mar_{it}、Sci_{it}、Gov_{it} 为控制变量，分别为基础设施、市场化水平、科技支出水平、政府干预程度；ε_{it} 为随机扰动项。

6.3.2　变量选取

6.3.2.1　被解释变量

本章选取基于 SBM-DDF-GML 指数测度的资源型产业绿色全要素生产率为被解释变量，其中，投入指标包括资本投入、劳动力投入和能源投入 3 个二级指标；期望产出包括经济产出 1 个指标；非期望产出包括"三废"产出，包括工业 SO_2 排放量、工业烟（粉）尘排放量、工业废水排放量。最终测算了 2008~2021 年我国 31 个省份（不包括港澳台地区）绿色全要素生产率，作为资源型产业高质量发展水平的最新成果。

6.3.2.2　解释变量

产业转型升级示范区政策。根据国家发展改革委网站公布的产业转型升级示范区名单，对各地级市所在的省份设立国家级产业转型升级示范区进行赋值。对该省份该年份以及之后年份均取值为 1，否则为 0。ITU_{it} 为政策虚拟变量，即省份 i 在时期 t 设立国家级产业转型升级示范区，则 $ITU_{it}=1$；如果省份 i 在时期 t 未设立国家级产业转型升级示范区，则 $ITU_{it}=0$。

6.3.2.3　控制变量

基础设施水平（Road）是综合服务功能的载体，道路作为区域内经济联系的纽带，在社会发展过程中占据着关键性的位置。基础设施越完善，可达性和便捷性程度越高，就越能够吸引投资，从而对经济发展产生一定的影响。本章采用人均城市道路面积来衡量城市基础设施水平。

市场化指数（Mar）根据市场化的不同方面特点设 5 个指数，下设 14 个一级分项指数，其中，有些一级分项指数还下设二级分项指数。我们称最低一级的分项指数为基础指数。目前这一指数体系总共由 18 个基础指数组成。市场化指数衡量的是全国各省份市场化的相对进程。

科技财政支出水平（Sci）采用政府及其相关部门为支持科技活动而进行的经费支出占财政支出的比重来衡量。我国政府根据经济发展阶段和发展战略，适时调整政府财政支出的结构，将财政的有限资金投入到科技前沿领域以及有助于提高国家自主创新能力的领域。

政府干预程度（Gov）在适当范围内有利于实现资源最优配置并对经济高质量发展产生正向效应，但如果政府过度干预市场或财政支出缺乏效率，就会对经济增长造成负面影响，所以政府干预的系数并不确定。本章采用政府支出占 GDP 的比重来衡量政府干预程度。

主要变量的描述性统计如表 6-1 所示。

表 6-1　主要变量的描述性统计

变量名称	变量符号	计算方法	均值	最小值	最大值
资源型产业高质量发展	GML	SBM-DDF-GML 指数法	1.004	0.016	1.089
产业转型升级示范区	ITU	设立产业转型升级示范区 =1 未设立产业转型升级示范区 =0	0.119	0.000	1.000
基础设施	Road	人均道路建设面积	15.418	4.040	27.937
市场化指数	Mar	中国市场化指数数据库	7.004	0.000	12.106
科技财政支出	Sci	科技财政支出 /GDP	0.018	0.000	0.072
政府干预程度	Gov	财政支出 /GDP	0.274	0.087	1.379

6.3.3　数据说明

本章研究对象为 2009~2022 年中国 31 个省份（不包括港澳台地区），考虑数据可得性和权威性，主要选取《中国统计年鉴》《中国科技统计年鉴》《中国金融统计年鉴》《中国火炬统计年鉴》《中国科技金融发展报告》《中国创业风险投资发展报告》中的数据，对于数据缺失的省份，利用 CEIC 数据库和地区统计公报进行数据查找。

6.4 实证检验与结果分析

6.4.1 产业政策对资源型产业高质量发展的影响分析

本章主要考察了产业转型升级示范区政策对资源型产业高质量发展的影响，结果如表6-2所示。模型（1）汇报了不加入任何控制变量的情况下产业转型升级示范区政策对资源型产业高质量发展的影响效应，模型（2）~模型（5）汇报了在逐步考虑其他控制变量情况下的影响效应。由模型（2）~模型（5）可知，产业转型升级示范区政策对资源型产业高质量发展的影响均通过了5%水平的显著性检验，在逐渐加入控制相关变量后，系数有所减小。模型（1）中产业转型升级示范区政策的系数为0.016，说明产业转型升级示范区政策的实施，推动了传统优势产业升级、产业结构调整、绿色技术创新推广，进而有利于实现资源型产业高质量发展。此外，在模型（2）中，基础设施在1%水平上显著为正，表明基础设施水平对资源型产业高质量发展起到关键作用。在模型（3）中，市场化水平在1%水平上显著为正，这意味着基础设施水平有利于资源型产业高质量发展。在模型（4）中，科技技术水平在10%水平上显著为正，表明科技技术水平对资源型产业高质量发展起到支撑作用。在模型（5）中，政府支持对资源型产业高质量发展的影响系数为0.03，说明政府不断强化财政政策的引导和带动作用，推动了资源型产业高质量发展。在加入所有控制变量的模型（5）中，产业转型升级示范区政策的估计系数为0.011，即与没有设置产业转型升级示范区的省份相比，产业转型升级示范区政策推动了资源型产业高质量发展。

表 6-2　产业转型升级示范区对资源型产业高质量发展的影响效应

变量	（1）	（2）	（3）	（4）	（5）
ITU	0.016***	0.013**	0.013**	0.011**	0.011**
	（0.004）	（0.005）	（0.005）	（0.005）	（0.005）
Road		0.001***	0.001***	0.001***	0.001**
		（0.000）	（0.000）	（0.000）	（0.000）
Mar			0.001***	0.000	0.000
			（0.000）	（0.000）	（0.000）
Sci				0.001*	0.000*
				（0.000）	（0.000）
Gov					0.030
					（0.028）
Cons	1.001***	0.988***	0.978***	0.983***	0.977***
	（0.001）	（0.004）	（0.005）	（0.005）	（0.008）
N	434	434	433	433	433
R^2	0.156	0.179	0.202	0.232	0.237

注：括号内为检验统计值所对应的标准差，***、** 和 * 分别表示 1%、5% 和 10% 的显著性水平。

6.4.2　产业政策对不同地理区域资源型产业高质量发展的影响分析

本章将样本城市划分为东部地区、中部地区、西部地区，基于按照地理区域划分的城市样本运用进行 OLS 检验产业转型升级示范区对不同地区资源型产业高质量发展影响的异质性。表 6-3 报告了东部、中部、西部地区的回归结果，可以看出产业转型升级示范区对东部、中部、西部资源型产业高质量发展均呈现显著的正向赋能效应。比较不同区域的回归系数可以发现，国家产业转型升级示范区对资源型产业高质量发展的影响强度表现出区域差异。表 6-3 中模型（1）、模型（3）、模型（5）汇报了不加入任何控制变量的情况下产业转型升级示范区对东部、中部和西部地区资源型产业高质量发展的影响效应，其系数分别为 0.035、0.009 和 0.006，均通过了显著性检验。模型（2）、模型（4）、模型（6）汇报了考虑其他控制变量情况下产业转型升级示范区对东部、中部和西部地区资源型产业高质量发展的影响效应，可以看出产业转型升级示范区对东部地区资源型产业高质量发展的推动作用大于中西部地区，这主要是经济发展水平、政策支持力度、基础设施和创新能力、人才和技术、市场环境和竞争力等多方面因素综合作用的结果。东部地区在这些方面具有较大优势，因此对资源型产业高质量发展的影响也最大；中部地区次之；而西部地区由于种种劣势，影响相对最小。这是因为东部地区产业体系更加完善和城市功能也更加完整，国家产业转型示范区政策更容易促进资源型产业结构的合理化和高级化，推动采矿业、石油和天然气开采业等传统产业转型升级和产业链延伸，削减落后产能，推动资源型产业高质量发展。对于西部地区而言，工业体系较为成熟，重工业产能高，能耗强度也较高，依托国家产业示范区政策推动资源型产业高质量发展需要较长时间。

表 6-3　不同区域产业转型升级示范区对资源型产业高质量发展的影响效应

变量	东部 (1)	东部 (2)	中部 (3)	中部 (4)	西部 (5)	西部 (6)
ITU	0.035^{***} (0.010)	0.031^{***} (0.009)	0.009^{***} (0.002)	-0.001 (0.002)	0.006^{**} (0.002)	-0.002 (0.003)
Road		0.001 (0.002)		0.002^{*} (0.001)		0.001^{***} (0.000)
Mar		0.000 (0.004)		0.001 (0.002)		0.002^{*} (0.001)
Sci		0.292^{**} (0.119)		0.395^{***} (0.067)		0.396^{*} (0.194)
Gov		0.146 (0.104)		0.030 (0.019)		0.007 (0.012)
Cons	1.002^{***} (0.002)	0.958^{***} (0.020)	1.002^{***} (0.001)	0.962^{***} (0.016)	0.999^{***} (0.000)	0.969^{***} (0.010)
N	154	153	140	140	140	140
R^2	0.365	0.429	0.085	0.228	0.035	0.202

注：括号内为检验统计值所对应的标准差，***、** 和 * 分别表示 1%、5% 和 10% 的显著性水平。

6.4.3　产业政策对不同资源型地区产业高质量发展的影响分析

党的二十大报告指出，要推进美丽中国建设，加快发展方式绿色转型，提升生态系统多样性、稳定性、持续性，协同推进降碳、减污、扩绿、增长，推进生态优先、节约集约、绿色低碳发展。典型资源型省份，自东向西依次为黑龙江、内蒙古、山东、山西、陕西、重庆、贵州、四川、甘肃、新疆。资源型地区以煤炭、石油、天然气、稀土等资源为主要支柱产业，存在发展方式粗放、产业结构单一、生态环境恶化等一系列深层次矛盾和问题。本章将样本分为资源型省份和非资源型省份来探究产业转型升级示范区对不同资源型地区产业高质量发展的影响。

表 6-4 报告了资源型省份、非资源型省份的回归结果，可以看出产业转型升级示范区对资源型省份、非资源型省份的资源型产业高质量发展均呈现显著的正向赋能效应。比较不同区域回归系数可以发现，国家产业转型升级示范区对资源型产业高质量发展的影响强度表现出区域差异。表 6-4 中模型（1）、模型（3）汇报了不加入任何控制变量的情况下产业转型升级示范区对资源型省份、非资源型省份的资源型产业高质量发展的影响效应，其系数分别为 0.011 和 0.020，均通过了 1% 水平的显著性检验。可以看出，产业转型升级示范区对非资源型省份的资源型产业高质量发展的推动作用大于资源型省份，这主要是因为非资源型省份不依赖自然资源开发，处于产业发展上升通道，资源开发利用与经济发展阶段相适应，示范区通过引导和培育上下游产业，形成产业集群，实现产业链的完善和互补，促进产业内部协同发展。对于资源型省份，资源禀赋优势不断减弱，资源相关产业发展已经处于下行或转轨阶段，产业转型升级示范区对非资源型省份的资源型产业高质量发展的推动作用大于资源型省份。

表6-4　不同资源型地区产业转型升级示范区对资源型产业高质量发展影响效应

变量	资源型省份		非资源型省份	
	（1）	（2）	（3）	（4）
ITU	0.011*** （0.003）	0.004 （0.004）	0.020*** （0.002）	0.013*** （0.003）
Road		0.001 （0.001）		0.000 （0.000）
Mar		0.002 （0.002）		0.003** （0.001）
Sci		0.648** （0.309）		0.189** （0.094）
Gov		0.067* （0.034）		0.028 （0.021）
Cons	1.000*** （0.001）	0.951*** （0.014）	1.002*** （0.001）	0.959*** （0.011）
N	140	140	294	293
R²	0.087	0.190	0.200	0.250

注：括号内为检验统计值所对应的标准差，***、** 和 * 分别表示1%、5% 和10% 的显著性水平。

6.5　稳健性检验

为了证明本章实证结果的可靠性，拟从以下四个方面进行稳健性检验：

（1）剔除直辖市。考虑到直辖市经济发展水平较为特殊，在此将直辖市从研究样本中删除，然后进行估计。表6-5 中模型（1）产业转型升级示范区对资源型产业高质量发展的回归系数仍显著为正，通过了1% 的显著性水平检验，与基准回归结果保持一致。

（2）替换被解释变量。考虑到产业转型升级示范区对资源型产业高质量发展的影响可能存在一定的时滞性，本章采用资源型产业高质量发展的滞后一期用于稳健性检验，模型（2）汇报了产业转型升级示范区对资源型产业高质量发展的滞后一期的影响。回归结果显示，产业转型升级示范区的回归系数均为正，且通过了 1% 水平的显著性检验，与表 6-2 的基准回归结果基本保持一致，说明即使在替换被解释变量的情况下，基准回归估计结果依然较为稳健。

（3）工具变量法。考虑到产业转型升级示范区与资源型产业高质量发展可能存在反向因果导致的内生性问题，根据现有文献的做法，进一步通过选择合适的工具变量来解决内生性问题，采用产业转型升级示范区的时间滞后项作为工具变量进行 2SLS 估计，回归结果如表 6-5 中模型（3）所示。可以看出，其系数显著为正，与前文结论保持一致。

（4）改变估计方法。本章将资源型产业高质量发展的滞后一期加入到模型中，使用混合 OLS 进行稳健性检验，结果如表 6-5 中模型（4）所示，改变估计方法之后其系数显著为正，与前文结论保持一致。

表 6-5　稳健性检验及内生性检验结果分析

变量	剔除直辖市	替换被解释变量	2SLS	混合 OLS
ITU	0.010***	0.016***	0.009***	0.011***
	（0.002）	（0.002）	（0.003）	（0.004）
Road	0.000	0.000	0.001***	0.001***
	（0.000）	（0.000）	（0.000）	（0.000）
Mar	0.003***	0.003***	0.003***	0.002***
	（0.001）	（0.001）	（0.001）	（0.001）
Sci	0.292***	0.014	0.011	0.105
	（0.105）	（0.086）	（0.068）	（0.073）
Gov	0.036*	0.034*	0.013***	0.016***
	（0.019）	（0.020）	（0.004）	（0.006）
Cons	0.956***	0.963***	0.970***	0.969***
	（0.009）	（0.009）	（0.006）	（0.006）
N	378	402	402	433
R^2	0.225	0.298	0.212	0.246

注：括号内为检验统计值所对应的标准差，***、** 和 * 分别表示 1%、5% 和 10% 的显著性水平。

6.6 本章小结

本章构建了产业转型升级示范区影响资源型产业高质量发展的计量模型，以产业转型升级示范区为准自然实验对象，基于 2008~2021 年中国 31 个省级面板数据，运用双重差分法实证检验了产业转型升级示范区对资源型产业高质量发展的影响，本章得出以下结论：

（1）产业转型升级示范区对资源型产业高质量发展具有显著的促进作用，因为产业转型示范区具有税收优惠、资金补贴等政策支持，这些政策有助于提升资源型产业的竞争力。示范区还通过引进高端人才、推动技术创新和绿色发展，进一步提升资源型产业的创新能力，进而推动资源型产业高质量发展。

（2）产业转型升级示范区对不同地区资源型产业高质量发展存在异质性影响。产业转型升级示范区对相对发达的东部地区和相对不发达的中西部地区资源型产业高质量发展均产生了显著的正向效应，而对东部地区资源型产业高质量发展的影响大于中部和西部地区。产业转型升级示范区对资源型省份、非资源型省份的资源型产业高质量发展均呈现显著的促进效应，产业转型升级示范区对非资源型省份影响大于资源型省份，这主要是因为非资源型省份不依赖自然资源开发，资源开发利用与经济发展阶段相适应，示范区通过引导和培育上下游产业，形成产业集群，实现产业链的完善和互补，促进产业内部协同发展。

（3）通过剔除特殊样本、替换被解释变量、2SLS、混合 OLS 方法对前文的结论进行稳健性检验。首先，分别剔除直辖市进行检验。其次，替换被解释变量，采用资源型产业高质量发展的滞后一期用于稳健性检验。再次，采用产业转型升级示范区的时间滞后项作为工具变量，选取的工具变量满足相关性和外生性假设，采用两阶段最小二乘法（2SLS）进行估计。最后，利用混合 OLS 方法检验产业转型升级示范区对资源型产业高质量发展的影响。

第 7 章

环境政策对资源型产业高质量发展的影响研究

7.1 研究背景

气候变化已成为全球面临的重大挑战之一，温室气体排放是导致全球变暖的主要原因。1997 年的《京都议定书》首次引入了碳排放交易机制，目的是帮助缔约国实现温室气体减排目标。随后，2015 年的《巴黎协定》进一步强调了通过市场机制，包括碳排放权交易，实现全球减排目标的重要性。作为全球最大的碳排放权交易市场，欧盟碳排放交易体系（EU ETS）自 2005 年启动以来，为其他国家和地区提供了宝贵的经验，证明了碳交易在减少排放和推动绿色技术创新方面的有效性。2011 年 10 月国家发展改革委印发《关于开展碳排放权交易试点工作的通知》，批准北京、上海、天津、重庆、湖北、广东和深圳七省市开展碳交易试点工作。在国家发展改革委的指导和支持下，深圳积极推动碳交易相关研究和实践，努力探索建立适应中国国情且具有深圳特色的碳排放权交易机制，先后完成了制度设计、数据核查、配额分配、机构建设等工作。2013 年 6 月 18 日，深圳碳排放权交易市场在全国七家试点省市中率先启动交易。《碳排放权交易管理暂行条例》是我国应对气候变化领域第一部专门的法规，首次以行政法规的形式明确了碳排放权市场交易制度，具有里程碑意义。

7.2 研究假设

众多学者从多个角度论证了环境规制对于"资源诅咒"的破解效果，当引入环境规制时，资源依赖对经济增长的数量和质量的负向效应明显转正。可以理解的是，环境规制对资源依赖与经济质量之间关系的调节同样受到诸多因素的影响，已有研究主要从时间分期和资源依赖度方面进行分析。短期内环境规制的绿色增长效应并不稳定，长期视角下正向调节作用更为明显。环境规制通过政府实施环境税等政策，督促企业提高生产效率，进行环境技术创新，从而减少对环境的污染。环境规制可能带来"倒逼效应"，在限制了对资源的直接利用后，将迫使企业加大研发投入力度，而提高生产技术和资源利用效率同样能够促进绿色发展。企业在环境规制下不得不提高自身技术效率，减少污染排放，生产绿色产品，从而会使企业绿色全要素生产率上升。政府对企业实行环境规制的同时会采取一定的财政和政策支持，让这些企业获得"绿色"发展比较优势，吸引技术人才、高级的管理设备等生产要素的流入，促进企业绿色全要素生产率的提高。据此，本书提出以下假设：

假设2：碳排放权交易政策促进资源型产业高质量发展。

7.3 研究设计

7.3.1 模型构建

考察环境政策对产业发展的影响常见的方法包括两种：第一种方法是利用横截面数据，运用"有无对比法"横向比较政策试点省份和无政策试点省份对产业发展的影响，但这种方法并不能证明政策试点就是重要因素。第二种方法是利用时间序列数据，纵向比较一个省份在实施政策和未实施政策时其产业发展的变化，这种方法的缺陷是无法比较实施环境政策前后的差异，因为随着时间的推移，产业发展水平必定发生变化，故也无法证明某一个产业高质量发展是由环境政策引起的。

环境政策可以被认为是开展的一项新的政策实验，政策的实施会影响其中一部分区域，而另外一些区域可能不受政策的影响或受政策影响不显著，这项政策实验被称为自然试验（Natural Experiment）或准自然实验（Quasi-Experiment），而不是随机对照实验。双重差分估计模型（Difference in Difference）最初是由 Ashenfelter 和 Card 提出来的，被用来评估在经济等领域中某政策的实施效果，在该方法中受政策影响的省份作为处理组，不受政策影响的省份作为控制组。本书将个体虚拟变量和时间虚拟变量交互项引入模型中，从而更准确地评估环境政策对资源型产业高质量发展的影响效应。根据上述分析，基于 DID 方法的回归模型设定如下：

$$Y_{it}=\beta_0+\beta_1 H_{it}\times D_{it}+\beta_2 Z_{it}+\varepsilon_{it}$$

其中，Y_{it} 表示为省份 i 在时期 t 的产业发展水平；H_{it} 表示个体虚拟变量，t 年实施环境政策的省份取值为 1，未实施环境政策取值为 0；D_{it} 表示时间虚拟变量，实施政策的年份取值为 1，反之取值为 0；$H_{it}\times D_{it}$ 表示省份 i 在 t 年是否实施政策（若省份 i 在 t 年实施政策，$H_{it}\times D_{it}=1$；若城市 i 在时期 t 没有实施政策，$H_{it}\times T_{it}=0$）；系数 β_1 主要用于分析环境政策对资源型产业高质量发展的影响效应；Z_{it} 为控制变量；系数 β_2 表示控制变量对资源型产业高质量发展的影响效应；ε_{it} 表示随机扰动项。

本书采用 DID（Difference in Difference）模型，将全国 31 个省份分为实施环境政策的省份和未实施环境政策的省份，在该方法中受政策影响省份作为处理组，不受政策影响省份作为控制组。根据相关文献，本书通过 DID 方法来考察环境政策对资源型产业高质量发展的影响效应，本书设定的模型如下：

$$GML_{it}=\beta_0+\beta_1 CET_{it}+\beta_2 Edu_{it}+\beta_3 Sci_{it}+\beta_4 Road_{it}+\beta_5 Fdi_{it}+\varepsilon_{it}$$

其中，i 表示省份；t 表示年份；GML_{it} 表示 i 省份第 t 年的资源型产业高质量发展；CET_{it} 衡量不同省份在不同年份是否实施碳排放交易政策；Edu_{it}、Sci_{it}、$Road_{it}$、Fdi_{it} 为控制变量，分别为教育水平、科技支出水平、基础设施、对外开放水平；ε_{it} 为随机扰动项。

7.3.2　变量选取

7.3.2.1　被解释变量

本章选取基于 SBM-DDF-GML 指数测度的资源型产业绿色全要素生产率作为被解释变量，其中，投入指标包括资本投入、劳动力投入和能源投入 3 个二级指标；期望产出包括经济产出 1 个指标；非期望产出包括"三废"产出，包括工业 SO_2 排放量、工业烟（粉）尘排放量、工业废水排放量。最终测算了 2008~2021 年我国 31 个省份（不包括港澳台地区）绿色全要素生产率，作为资源型产业高质量发展水平的最新成果。

7.3.2.2　解释变量

2013 年，北京、上海等 7 个地方试点碳市场陆续开始上线交易。本章将以上 7 个试点省市的线上开始交易时间作为政策冲击点，将碳排放权交易试点省份为实验组，其他非试点地区的省份作为对照组，以 CET 来进行衡量，这是本章的核心解释变量，也是政策虚拟变量，表示省份 i 在 t 年是否实施碳排放交易，如果省份 i 在 t 年实施碳排放交易，则 CET=1；如果省份 i 在 t 年没有实施碳排放交易，则 CET=0。

7.3.2.3　控制变量

教育水平（Edu）采用财政教育支出占财政支出的比重来衡量。通过持续增加财政教育投入，调整优化财政支出结构，确保教育支出占财政支出的比重逐年提高，以实现教育优先发展战略，推动国家长期发展和人力资源的培养。

科技财政支出水平（Sci）采用政府及其相关部门为支持科技活动而进行的经费支出占财政支出的比重来衡量。政府根据我国经济发展阶段和发展战略，适时调整政府财政支出的结构，将财政的有限资金投入到科技前沿领域以及有助于提高国家自主创新能力的领域。

基础设施水平（Road）是综合服务功能的载体，道路作为区域内经济联系的纽带，在社会发展过程中占据着关键性的位置。基础设施越完善，可达性和便捷性程度越高，就越能够吸引投资，从而会对经济发展产生一定的影响。本章采用人均城市道路面积来衡量城市基础设施水平。

对外开放水平（Fdi）采用外商直接投资占 GDP 的比重来衡量。该指标反映了外商直接投资对于城市或国家经济发展的重要性，适当的投资比例有助于提升资源配置效率，进而促进经济的持续增长。

主要变量的描述性统计如表 7-1 所示。

表 7-1　主要变量的描述性统计

变量名称	变量符号	计算方法	均值	最小值	最大值
资源型产业高质量发展	GML	SBM-DDF-GML 指数法	1.004	0.016	1.089
碳排放交易试点	CET	碳排放交易试点 =1	0.119	0.000	1.000
		非碳排放交易试点 =0			
教育水平	Edu	教育支出 /GDP	0.0614	0.042	0.124
科技财政支出	Sci	科技财政支出 /GDP	0.019	0.000	0.072
基础设施	Road	人均道路建设面积	15.418	4.040	27.937
对外开放水平	Fdi	外商直接投资 /GDP	0.018	0.000	0.082

7.3.3　数据说明

本章研究对象为 2007~2021 年中国 31 个省份（不包括港澳台地区），考虑数据可得性和权威性，主要选取《中国统计年鉴》《中国科技统计年鉴》《中国金融统计年鉴》《中国火炬统计年鉴》《中国科技金融发展报告》《中国创业风险投资发展报告》中的数据，对于数据缺失的省份，利用 CEIC 数据库和地区统计公报进行数据查找。

7.4 实证检验与结果分析

7.4.1 环境政策对资源型产业高质量发展的影响分析

2002年，中国开始推行排污权交易试点政策，这是市场型环境政策工具探索的第一步。2011年，中国政府明确提出"探索建立碳排放交易市场"。此后，国家发改委陆续批设国家碳交易试点。2019年，生态环境部印发《碳排放权交易管理暂行条例（征求意见稿）》。理论上来说，碳交易能解决排放权配置无效率问题，能有效助力节能减排。本部分主要考察产业转型升级示范区政策对资源型产业高质量发展的影响，表7-2中模型（1）汇报了不加入任何控制变量的情况下碳排放交易政策对资源型产业高质量发展的影响效应，模型（2）~模型（5）汇报了在逐步考虑其他控制变量情况下的影响效应。由模型（2）~模型（5）可知，碳排放权交易政策对资源型产业高质量发展的影响均为正向效应，在逐渐加入控制相关变量后，系数有所减小。模型（1）中碳排放交易政策的系数为0.009，说明随着碳排放权交易政策的实施，要求企业为其碳排放配额付费，这给高排放的资源型企业（如采矿、石油、天然气等）增加了运营成本，通过成本压力、环保激励、技术创新、产业升级、市场竞争力提升、政策法规约束以及投资融资等多方面的作用，对资源型产业高质量发展产生了深远影响。在模型（3）中，科技创新的系数为0.253，在1%水平上显著为正，表明通过实施更严格的环保标准和采用先进的生产技术，资源型产业能够实现转型升级。在模型（4）中，基础设施和教育水平对资源型产业高质量发展的影响为正。首先，基础设施的完善能够为资源型产业提供必要的服务和支持，如交通、通信和能源等，从而提高生产效率和降低成本。其次，教育水平的提升能够培养和引进高素质的人才，为资源型产业的科技创新和技术升级提供人力保障。此外，教育还能够提高劳动者的综合素质，使其更好地适应产业发展的需求。因此，基础设施和教育水平是推动资源型产业高质量发展的关键因素。

表 7-2　碳排放交易政策对资源型产业高质量发展的影响效应

变量	（1）	（2）	（3）	（4）	（5）
CET	0.009***	0.010***	0.009***	0.005**	0.002
	（0.002）	（0.002）	（0.002）	（0.002）	（0.002）
Edu		−0.558***	−0.632***	0.093	0.240
		（0.190）	（0.186）	（0.224）	（0.245）
Sci			0.253***	0.250***	0.372***
			（0.076）	（0.053）	（0.093）
Road				0.002***	0.002***
				（0.000）	（0.000）
Fdi					−0.264**
					（0.125）
Cons	1.003***	1.038***	1.037***	0.966***	0.962***
	（0.000）	（0.012）	（0.011）	（0.021）	（0.020）
N	434	434	433	433	433
R^2	0.016	0.038	0.055	0.133	0.156

注：括号内为检验统计值所对应的标准差，***、** 和 * 分别表示 1%、5% 和 10% 的显著性水平。

7.4.2　环境政策对不同地区资源型产业高质量发展的影响分析

本章将样本城市划分为东部地区、中部地区、西部地区，基于按照地理区域划分的城市样本通过计量模型检验了碳排放权交易政策对不同地区资源型产业高质量发展影响的异质性。表 7-3 报告了东部、中部、西部地区的回归结果，可以看出碳排放权交易政策对东部、中部、西部资源型产业高质量发展均呈现显著的正向赋能效应。比较不同区域回归系数可以发现，碳排放权交易政策对资源型产业高质量发展的影响强度表现出区域差异。表 7-3 中模型（1）、模型（3）、模型（5）汇报了不加入任何控制变量的情况下碳排放权交易政策对东部、中部和西部地区资源型产业高质量发展的影响效应，其系数分别为 0.008、0.014 和 0.006。模型（2）、模型

（4）、模型（6）汇报了考虑其他控制变量情况下碳排放权交易政策对东部、中部和西部地区资源型产业高质量发展的影响效应。可以看出，碳排放权交易政策对中部和西部地区资源型产业高质量发展的推动作用大于东部地区，这是因为中部和西部地区往往有更多的高排放企业，它们在碳交易市场中扮演重要角色。随着碳市场的成熟和扩展到更多行业，这些地区的企业将面临更大的减排压力和机遇。对于中部和西部地区而言，资源型产业在环保技术和生产效率方面相对落后，碳交易市场提供了一个与发达城市合作、实现产业绿色转型的平台，碳排放权交易政策促使这些地区更加积极地采用先进技术和改进生产工艺，以减少碳排放，从而提升资源型产业质量。而且中部和西部地区有较大的资源开发潜力，通过碳排放权交易政策，可以推动这些地区绿色低碳发展，推动资源型产业转型。中部和西部地区往往会得到更多的政策支持和资金投入，以推动绿色发展和环境保护，这进一步增强了碳排放权交易政策对这些地区产业高质量发展的推动作用。

表7-3　不同区域碳排放权交易政策对资源型产业高质量发展的影响效应

变量	东部	东部	中部	中部	西部	西部
	（1）	（2）	（3）	（4）	（5）	（6）
CET	0.008^{**} （0.003）	0.002 （0.004）	0.014^{***} （0.000）	0.006^{**} （0.002）	0.006 （0.000）	0.006^{*} （0.003）
Edu		0.202 （0.575）		0.572 （0.570）		-0.335^{**} （0.125）
Sci		0.284^{**} （0.111）		0.144 （0.132）		0.413^{*} （0.207）
Road		0.003 （0.002）		0.003^{**} （0.001）		0.001^{***} （0.000）
Fdi		-0.279 （0.184）		0.269 （0.150）		0.208 （0.160）
Cons	1.006^{***} （0.001）	0.946^{***} （0.034）	1.004^{***} （0.000）	0.924^{***} （0.048）	1.000 （0.000）	1.002^{***} （0.011）
N	154	153	140	140	140	140
R^2	0.014	0.174	0.027	0.240	0.012	0.189

注：括号内为检验统计值所对应的标准差，***、**和*分别表示1%、5%和10%的显著性水平。

7.4.3　环境政策对不同资源型地区产业高质量发展的影响分析

碳排放权交易政策主要通过设定碳排放总量上限，并允许企业之间买卖碳排放配额，来实现整体碳排放的控制和逐步减少。这一政策旨在通过市场机制激励企业降低碳排放，提高能源利用效率。对于资源型地区而言，其依赖资源开采和初级加工，碳排放量较高，初期需要大量投资进行技术改造。但从长期来看，碳排放权交易政策迫使这些企业改进技术，降低碳排放，减少环境污染。对于非资源型地区而言，由于产业多样化，适应政策较快，经济效益提升更明显。

表 7-4 报告了资源型省份、非资源型省份的回归结果，可以看出碳排放权交易政策对资源型省份、非资源型省份的资源型产业高质量发展均呈现显著的正向赋能效应。比较不同区域回归系数可以发现，碳排放权交易政策对资源型产业高质量发展的影响强度表现出区域差异。表 7-4 中模型（1）、模型（3）汇报了不加入任何控制变量的情况下碳排放权交易政策对资源型省份、非资源型省份的资源型产业高质量发展的影响效应，其系数分别为 0.006 和 0.009，在非资源型省份通过了 1% 水平的显著性检验。由此可以看出，碳排放权交易政策对非资源型省份的资源型产业高质量发展的推动作用大于资源型省份，非资源型省份的资源型产业往往占经济总量的比重较小，这些省份的产业结构更加多元化，科技和服务业等高附加值产业占较大比重，科技创新和资金投入可以帮助这些省份的资源型产业更快速地进行绿色转型，提高生产效率和环保水平。同时，非资源型省份的市场化程度较高，企业对市场机制的反应更为敏感。在碳排放权交易政策的推动下，这些企业可能会更加积极地参与碳市场交易，通过优化生产和技术创新来减少碳排放。因此，当碳排放权交易政策实施时，这些省份的资源型产业可能会更积极地寻求技术升级和创新以适应政策要求，从而促进高质量发展。

表7-4 不同资源型地区碳排放权交易政策对资源型产业高质量发展的影响效应

变量	资源型省份		非资源型省份	
	（1）	（2）	（3）	（4）
CET	0.006 （0.000）	0.004 （0.003）	0.009*** （0.002）	0.003 （0.003）
Edu		0.046 （0.317）		0.267 （0.276）
Sci		0.514 （0.289）		0.355*** （0.099）
Road		0.002*** （0.001）		0.002** （0.001）
Fdi		0.152 （0.145）		−0.303** （0.135）
Cons	1.002 （0.000）	0.964*** （0.025）	1.004*** （0.000）	0.961*** （0.023）
N	140	140	294	293
R^2	0.005	0.148	0.020	0.173

注：括号内为检验统计值所对应的标准差，***、** 和 * 分别表示1%、5% 和10% 的显著性水平。

7.5 稳健性检验

为了证明本章实证结果的可靠性，拟从以下四个方面进行稳健性检验：

（1）剔除直辖市。考虑到直辖市经济发展水平较为特殊，本章将直辖市从研究样本中删除，再次进行估计。表7-5 中模型（1）的结果显示，碳排放权交易政策对资源型产业高质量发展影响的回归系数为正，与基准回归结果保持一致。这说明碳排放权交易政策是一种通过市＋场机制控制和减少温室气体排放的政策工具，它的实施对资源型产业高质量发展有着重要影响。

（2）替换被解释变量。考虑到碳排放权交易政策对资源型产业高质量发展的影响可能存在一定的时滞性，本章采用资源型产业高质量发展的滞后一期用于稳健性检验，表 7-5 中模型（2）汇报了碳排放权交易政策对资源型产业高质量发展的滞后一期的影响。回归结果显示，碳排放权交易政策的回归系数均为正，且通过了 1% 水平的显著性检验，与表 7-2 的基准回归结果基本保持一致，说明即使在替换被解释变量的情况下，基准回归估计结果依然较为稳健。

（3）工具变量法。考虑到碳排放权交易政策与资源型产业高质量发展可能存在反向因果导致的内生性问题，根据现有文献的做法，进一步通过选择合适的工具变量来解决内生性问题，采用碳排放权交易政策的时间滞后项作为工具变量进行 2SLS 估计，回归结果见表 7-5 中的模型（3）。可以看出，其系数显著，碳排放权交易政策对资源型产业高质量发展的影响系数为 0.005，通过了 1% 水平的显著性检验，与前文结论保持一致。

（4）改变估计方法。本章将资源型产业高质量发展的滞后一期加入到模型中，使用混合 OLS 进行稳健性检验，结果见表 7-5 中模型（4）。改变估计方法之后其系数显著为正，碳排放权交易政策对资源型产业高质量发展的系数为 0.004，通过了 5% 水平的显著性检验，与前文结论保持一致。

表 7-5 稳健性检验及内生性检验结果分析

变量	剔除直辖市	替换被解释变量	2SLS	混合 OLS
CET	0.003 （0.006）	0.005*** （0.002）	0.005*** （0.002）	0.004** （0.002）
Edu	0.095 （0.276）	−0.082 （0.087）	−0.082 （0.087）	−0.024 （0.112）
Sci	0.432*** （0.127）	0.210*** （0.063）	0.210*** （0.063）	0.293*** （0.078）
Road	0.002*** （0.000）	0.001*** （0.000）	0.001*** （0.000）	0.001*** （0.000）
Fdi	−0.252** （0.100）	−0.093*** （0.036）	−0.093*** （0.036）	−0.186** （0.086）
Cons	0.970*** （0.020）	0.991*** （0.008）	0.991*** （0.008）	0.984*** （0.010）

续表

变量	剔除直辖市	替换被解释变量	2SLS	混合 OLS
N	378	402	402	433
R^2	0.157	0.106	0.106	—

注：括号内为检验统计值所对应的标准差，***、** 和 * 分别表示 1%、5% 和 10% 的显著性水平。

7.6 本章小结

本章构建了碳排放权交易政策影响资源型产业高质量发展的计量模型，以碳排放权交易政策作为准自然实验对象权，基于 2008~2021 年中国 31 个省级面板数据，运用双重差分法实证检验了碳排放权交易政策对资源型产业高质量发展的影响。本章得出以下结论：

（1）碳排放权交易政策具有政策成本较低、实施灵活等优势，是政府采用市场化机制推进经济高质量发展的重要手段。它通过市场机制实现控排单位碳排放外部成本的内部化，倒逼控排单位自主减排，具有天然的低成本优势。碳交易机制能够通过创新驱动，增强经济高质量发展的内生动能，它能够推动能源结构调整，加快能源清洁化进程，推动供给侧结构性改革，促进产业结构优化，促进资源型产业高质量发展。

（2）碳排放权交易政策对不同地区资源型产业高质量发展存在异质性影响。碳排放权交易政策对中部和西部地区资源型产业高质量发展的推动作用大于东部地区，这是因为碳排放权交易政策对中部和西部地区资源型产业高质量发展的推动作用大于东部地区，主要原因在于这些地区的资源型产业集中度高、转型升级压力大、政策支持力度强、环境改善需求迫切以及市场化程度相对较低。通过碳排放权交易政策的实施，中部和西部地区能够更显著地实现产业升级、环境改善和经济可持续发展。碳排放权交易政策对资源型省份、非资源型省份的资源型产业高质量发展均呈现促进效应，碳排放权交易政策对非资源型省份的影响大于资源型省份，碳排放权交易政策对资源型省份和非资源型省份的资源型产业高质量发展均具有促进作用，但其对非资源型省份的影响可能更大。这主要是由于非资源型省份具有更加多元化的经济结构、较高的环境压力、较强的政策执行力度和较强的创新能力，以及更大的政策支持力度。通过碳排放权交易政策，非资源型省份的资源型产业能够更快速地实现技术升级和绿色转型，从而推动高质量发展。

（3）通过剔除特殊样本、替换被解释变量、2SLS、混合 OLS 方法对前文的结论进行稳健性检验。首先，分别剔除直辖市进行检验。其次，替换被解释变量，采用资源型产业高质量发展的滞后一期用于稳健性检验。再次，采用碳排放权交易政策的时间滞后项作为工具变量，选取的工具变量满足相关性和外生性假设，采用两阶段最小二乘法（2SLS）进行估计。最后，利用混合 OLS 方法检验碳排放权交易政策对资源型产业高质量发展的影响。

|第 8 章|
数字经济对资源型产业高质量发展的
影响研究

8.1 研究背景

自 20 世纪 80 年代以来，数字技术蓬勃发展，随着大数据、区块链、人工智能以及云计算等科技的变革，数字技术已经渗透到社会经济的方方面面，并成为中国经济发展的重要引擎。数字技术逐渐向金融领域渗透，大幅提高了金融资源的可得性和便利度。近年来中国数字经济快速发展，借助于数字技术，数字经济有效缓解了金融资源错配，引导融资向绿色低碳项目倾斜，深刻重塑了生产方式与生活方式，进而对生态保护和绿色发展产生了显著影响。

低碳全球化背景下，绿色发展成为全球经济发展的重要导向，对我国新时期经济发展亦具有重要意义。中国的经济发展正处于一个关键转型期，在速度型增长转向高质量发展的背景下，绿色发展已成为经济规划的主要目标。城市作为经济增长与人口聚集的核心，其发展路径至关重要，低碳转型成为必然选择。随着环境问题日益凸显，城市低碳化已成为解决方案之一。城市的低碳转型不仅关乎环境问题，还涉及经济发展和社会进步。低碳城市建设不仅能减少污染排放，提升居民生活质量，还能促进经济增长和可持续发展。为此，我国正积极推动城市绿色低碳转型，采取一系列政策措施，包括提高能源利用效率、发展清洁能源、推动绿色交通、加强环境治理等，以促进城市可持续发展。在这一进程中，数字经济发挥着重要作用，在传统经济基础上，数字经济以尖端科技手段（如数字技术和大数据）为支撑，实现了资源优化配置的巨大飞跃，成为我国实体经济转型升级的核心动力。

数字经济将传统金融机构与信息技术相结合，为消费者提供了更加便捷、高效的理财服务。数字经济的出现是改变金融行业信息传递、接收、分析和处理方式的一场革命。从现有的相关理论研究来看，对数字经济概念的阐述大多可以概括为金融行业与互联网生态的结合，从最开始的利用计算机技术开展的非金融机构个体金融业务开始，数字经济是金融行业与互联网生态的结合，到后来的行业利用数字技术对整体金融体系的变革，数字经济的发展经历了几个阶段，其金融本质并没有改变，同时它所面临的诸多挑战，如风险防控、数据安全、监管协调等。随着数字经济的蓬勃发展，这些挑战也是不容小觑的。所以数字经济还需要不断地创新和改进，才能适应经济社会发展的需要。随着互联网企业与传统金融机构的竞争日益激烈，中国的数字经济正在迈向深度发展的阶段，让更多有金融需求的群体能够享受到高效、低价的服务。在这个阶段，数字经济展现出许多新的特点：首先，数字经济的服务覆盖面积更加广泛，它可以通过移动网络到达用户手中，打破了传统金融的地理限制。其次，破除了金融机构与企业之间信息不对称的壁垒，提高了金融服务效率和质量。最后，金融服务的数字化为一些用户拓宽了金融服务的渠道，使用户能通过网络渠道享受到更低的费用与更好的服务。

8.2　研究假设

在数字经济时代，数据变成新的生产要素，企业生产率与管理者的风险识别能力以及战略规划能力息息相关。资源型企业处于产业链的上游，所以通过数字化转型，以谋求在不稳定性的市场环境寻求生存与发展以及新的发展契机。资源型产业通过互联网等数字科技元素的加入开启了新的发展篇章。结合技术融合的定义，本章认为，数字技术的融合是基于企业原有技术的一种数字化改进。企业绩效是评判企业经营效益水平的主要指标之一，在技术变化的作用下，这一指标会明显受到影响。数字技术这一概念提出的时间较短，因此对此进行理论研究的学者并不多，且研究多集中在宏观领域，学界尚未对数字技术下统一定义，但根据已有文献可以发现，对于数字化与资源型产业的关系，已有文献从多个角度进行了探索。数字化改变了经营理念和盈利逻辑，改变了以往资源型产业偏向精准化、精细化的营销模式。以前资源型产品附加值低、市场服务意识不强，现在可以通过数字化的方式来实现产品和服务的精准营销；也可以重新整合现有资源，增加市场透明度，降低资源型企业的成本。综上所述，数字化让战略制定更加清晰，营销数字化让营销模式趋向精准化和精细化，促进资源型产业高质量发展。数字经济既能通过深化数字技术在产业场景中的应用改造传统产业，提高产品与服务的供给效率，提升产业部门的劳动生产率，又能催生出新的产业，带来产业比例关系的演进。在产业结构向高级化演变的进程中发展数字经济，能够有效激发欠发达地区的发展潜力与发展活力，推动欠发达地区经济高质量增长，缩小区域经济不平衡。但在数字经济发展到一定程度时，构建与实体经济融合发展的数字经济支撑体系，对于欠发达地区的经济缺口将有很好的弥补作用，从而更加显著地促进区域经济的协调。所以数字经济的发展水平势必会有很大的地域差别。据此，本书提出以下假设：

假设 3：数字经济有利于促进资源型产业高质量发展。

8.3 研究设计

8.3.1 模型构建

本章分析了数字经济对资源型产业高质量发展的影响，基于上述假设，可以建立以下基准回归模型：

$$GML_{it}=\beta_0+\beta_1 DUF_{it}+\beta_2 Sci_{it}+\beta_3 Road_{it}+\beta_4 Gov_{it}+\beta_5 Fdi_{it}+\varepsilon_{it}$$

其中，i 表示省份；t 表示年份；GML_{it} 表示 i 省份第 t 年的资源型产业高质量发展；DUF_{it} 衡量 i 省份第 t 年的数字经济水平；Edu_{it}、Sci_{it}、$Road_{it}$、Fdi_{it} 为控制变量，分别为教育水平、科技支出水平、基础设施、对外开放水平；ε_{it} 为随机扰动项。

8.3.2 变量选取

8.3.2.1 被解释变量

本章选取基于 SBM-DDF-GML 指数测度的资源型产业绿色全要素生产率为被解释变量，其中，投入指标包括资本投入、劳动力投入和能源投入 3 个二级指标；期望产出包括经济产出 1 个指标，非期望产出包括"三废"产出，包括工业 SO_2 排放量、工业烟（粉）尘排放量、工业废水排放量。最终测算了 2008~2021 年我国 31 个省份（不包括港澳台地区）绿色全要素生产率，作为资源型产业高质量发展水平的最新成果。

8.3.2.2 解释变量

数字经济是通过互联网及信息技术手段与传统金融服务业态相结合的新一代金融服务，北京大学数字金融研究中心采用某数字金融平台交易账户数据编制了中国数字普惠金融指数，从使用深度、覆盖广度及数字支持服务等方面，基于底层交易数据，测度数据金融发展水平。基于此，本章数字经济指标采用北京大学数字金融研究中心编制的中国数字普惠金融（DUF）总指数作为区域数字经济发展水平的代理变量，并从覆盖广度（BRE）、使用深度（DEP）和数字化程度（DIG）三个子维度进一步考察区域数字经济发展水平。

8.3.2.3　控制变量

科技财政支出水平（Sci）采用政府及其相关部门为支持科技活动而进行的经费支出占财政支出的比重来衡量。政府根据我国经济发展阶段和发展战略，适时调整财政支出的结构，将财政的有限资金投入到科技前沿领域以及有助于提高国家自主创新能力的领域。

基础设施水平（Road）是综合服务功能的载体，道路作为区域内经济联系的纽带，在社会发展过程中占据着关键性的位置。基础设施越完善，可达性和便捷性的程度越高，就越能够吸引投资，从而对经济发展产生一定的影响。本章采用人均城市道路面积来衡量城市基础设施水平。

政府干预程度（Gov）在适当范围内有利于资源实现最优配置并对经济高质量发展产生正向效应，但如果政府过度干预市场或财政支出缺乏效率，就会对经济增长造成负面影响，所以政府干预的系数并不确定。本章采用政府支出占 GDP 的比重来衡量政府干预程度。

对外开放水平（Fdi）采用外商直接投资占 GDP 的比重来衡量，该指标反映了外商直接投资对于城市或国家经济发展的重要性，适当的投资比例有助于提升资源配置效率，进而促进经济的持续增长。

主要变量的描述性统计如表 8-1 所示。

表 8-1　主要变量的描述性统计

变量名称	变量符号	计算方法	均值	最小值	最大值
资源型产业高质量发展	GML	SBM-DDF-GML 指数法	1.004	0.016	1.089
数字经济	DUF	北京大学数字金融研究中心	189.649	16.220	458.970
科技财政支出	Sci	科技财政支出 /GDP	0.019	0.000	0.072
基础设施	Road	人均道路建设面积	15.418	4.040	27.937
政府财政支出	Gov	政府财政支出 /GDP	0.274	0.087	1.379
对外开放水平	Fdi	外商直接投资 /GDP	0.018	0.000	0.082

8.3.3　数据来源

本章以 31 个省级单位为样本研究数字经济对绿色低碳循环发展的影响，变量来源于 2009~2022 年的《中国统计年鉴》《中国科技统计年鉴》《中国金融统计年鉴》《中国火炬统计年鉴》《中国科技金融发展报告》《中国创业风险投资发展报告》。数字经济指数来源于北京大学互联网金融研究中心公布的《数字普惠金融指标体系与指数编制》。绿色技术创新数据来源于世界知识产权组织官方网站。对部分缺失数据，采用插值法进行补充。

8.4　实证检验与结果分析

8.4.1　数字经济对资源型产业高质量发展的影响分析

数字经济作为一种新的金融形态，正在对我国经济高质量发展产生深远影响。对于资源型产业，数字经济的发展能否助力其实现高效、精准的资源配置，优化生产过程，提高生产效率，从而促进其高质量发展，有待进一步验证。本章先对数字经济对资源型产业高质量发展的影响效应进行回归分析。表 8-2 报告了数字经济影响资源型产业高质量发展的基准回归。

表 8-2　数字经济对资源型产业高质量发展的影响效应

变量	（1）	（2）	（3）	（4）	（5）
DUF	0.007^{***} （0.001）	0.007^{***} （0.001）	0.006^{***} （0.002）	0.006^{***} （0.001）	0.005^{***} （0.001）
Sci		0.228^{***} （0.047）	0.233^{***} （0.048）	0.234^{***} （0.043）	0.313^{***} （0.080）
Road			0.000 （0.000）	0.000 （0.000）	0.000 （0.000）

变量	（1）	（2）	（3）	（4）	（5）
Gov				0.003 （0.029）	0.005 （0.028）
Fdi					−0.160 （0.117）
Cons	0.971*** （0.006）	0.967*** （0.006）	0.966*** （0.006）	0.966*** （0.009）	0.970*** （0.010）
N	434	433	433	433	433
R²	0.174	0.187	0.188	0.188	0.196

注：括号内为检验统计值所对应的标准差，***、** 和 * 分别表示 1%、5% 和 10% 的显著性水平。

表 8-2 中模型（1）汇报了不加入任何控制变量的情况下数字经济对资源型产业高质量发展的影响效应，模型（2）~模型（5）汇报了在逐步考虑其他控制变量情况下的影响效应。由模型（2）~模型（5）可知，数字经济对资源型产业高质量发展的影响均为正向效应，在逐渐加入控制相关变量后，系数有所减小。模型（1）中数字经济指数每增加 1%，产业结构的转型效果就会提高 0.007%，这表明资源型产业高质量发展随着数字经济的发展而提高，即数字经济积极促进资源型产业高质量发展。在模型（2）中，科技创新的系数为 0.228，在 1% 水平上显著为正，表明科技支出对资源型产业高质量发展有着积极的促进作用，即科技支出越高，技术创新程度越高，从而提高数字经济对资源型产业高质量发展的影响程度。在模型（5）中，政府支出水平对资源型产业高质量发展的影响为正，说明政府支出水平的提高有利于资源型产业的生产要素配置优化，提高生产效率，进而推动资源型产业高质量发展。

8.4.2　数字经济对资源型产业高质量发展降维回归结果分析

由表 8-3 中模型（1）~模型（4）的结果可知，四个核心解释变量 DUF、BRE、DEP、DIG 的系数均显著为正，这表明资源型产业高质量发展随着数字经济的发展而提高，即数字经济积极促进资源型产业高质量发展。数字经济指数每增加 1%，产业结构的转型效果就会提高 0.5%，覆盖广度（BRE）、覆盖深度（DEP）和数字化程度（DIG）三个子维度分别增加 1%，就能促进产业结构指数分别提高 0.3%、0.5% 和 0.3%，数字普惠金融使用深度的增加对资源型产业高质量发展的影响尤为显著。

表 8-3　数字经济对资源型产业高质量发展的影响的降维回归结果

变量	（1）	（2）	（3）	（4）
DUF	0.005*** （0.001）			
BRE		0.003** （0.001）		
DEP			0.005*** （0.002）	
DIG				0.003*** （0.001）
Sci	0.313*** （0.080）	0.342*** （0.089）	0.331*** （0.082）	0.329*** （0.066）
Road	0.000 （0.000）	0.001** （0.000）	0.000 （0.000）	0.001*** （0.000）
Gov	0.005 （0.028）	0.014 （0.030）	0.007 （0.028）	0.021 （0.032）
Fdi	−0.160 （0.117）	−0.203* （0.119）	−0.161 （0.120）	−0.170 （0.104）
Cons	0.970*** （0.010）	0.975*** （0.010）	0.967*** （0.011）	0.967*** （0.011）
N	433	433	433	433
R^2	0.196	0.182	0.193	0.186

注：括号内为检验统计值所对应的标准差，***、** 和 * 分别表示 1%、5% 和 10% 的显著性水平。

　　模型（1）为基准回归，数字经济总指数（DUF）的估计系数在 1% 水平上显著为正，这说明数字经济具有平台化、共享化等典型特征。"数据 + 算法 + 算力"能够打破时空限制，推动各类资源要素快捷流动，实现有效对接和精准匹配，对行业产生持续不断的颠覆性变革，提高资源利用率和生产效率，推动高能耗产业绿色化转型。模型（2）、模型（3）、模型（4）为对数字经济降维后的回归结果，将数字经济细分为数字经济覆盖广度、使用深度和数字化程度三个维度进行研究。结果表明，数字普惠金融覆盖率指数（BRE）、数字普惠金融使用深度指数（DEP）以及数字普惠金融数字化程度（DIG）对资源型产业高质量发展的影响均显著为正，其中，数字化深度指数对资源型产业高质量发展的影响系数最大，数字化深度是指一个国家、地区或企业在数字化技术应用和创新方面的程度。它主要包括信息技术、互联网、人工智能等领域的应用水平和创新能力。这说明数字经济数字化使用深度的提高更有助于推动资源型产业高质量发展，这是因为人工智能、大数据、云计算、区块链等数字技术和数字化极大提升了行业劳动生产率和企业经营决策效率，进而降低行业能耗，从而推动资源型产业高质量发展。

8.4.3　数字经济对不同地区资源型产业高质量发展的影响分析

由于我国现有的国情，各个地区要素禀赋差异巨大，且各区域所采取的社会经济政策、制度环境、产业结构等也不尽相同，这就造成了各个城市的资源型产业发展水平有很大的差别，因此，数字经济的发展水平势必会有很大的地域差别。经济发展程度比较高的地区，其具有比较完备的金融支持体系，并且拥有比较充足的金融资源，可以支持数字经济的发展，所以将全国 31 个省份分为东、中、西三个部分进行异质性分析，结果如表 8-4 所示。

表 8-4　不同区域数字经济对资源型产业高质量发展的影响效应

变量	东部	东部	中部	中部	西部	西部
	（1）	（2）	（3）	（4）	（5）	（6）
DUF	0.012^{***}	0.008^{*}	0.006^{***}	0.004	0.004^{***}	0.003^{**}
	（0.004）	（0.004）	（0.002）	（0.002）	（0.001）	（0.001）
Sci		0.274^{**}		0.208^{*}		0.269
		（0.113）		（0.109）		（0.205）

续表

变量	东部 (1)	东部 (2)	中部 (3)	中部 (4)	西部 (5)	西部 (6)
Road		0.001 (0.001)		0.001* (0.001)		0.001* (0.000)
Gov		0.124 (0.236)		0.002 (0.024)		−0.013 (0.014)
Fdi		−0.066 (0.163)		0.193 (0.121)		0.173 (0.161)
Cons	0.945*** (0.019)	0.930*** (0.038)	0.973*** (0.008)	0.964*** (0.008)	0.983*** (0.004)	0.979*** (0.008)
N	154	153	140	140	140	140
R^2	0.235	0.265	0.209	0.246	0.163	0.204

注：括号内为检验统计值所对应的标准差，***、** 和 * 分别表示1%、5%和10%的显著性水平。

结果表明，数字经济能显著促进资源型产业高质量发展，而这一影响在地理位置和经济发达程度方面存在异质性，数字经济对产业结构升级的影响程度在我国不同区域各不相同，对经济较发达的东部地区的推动作用最大。可以看出，数字经济对东部地区的资源型产业高质量发展的影响最为明显，数字经济的开放、创新、普惠、共享、绿色的本质属性与高质量发展的理念要求相契合。数字经济能通过促进创新、协调、绿色等方式推动资源型产业高质量发展，这在东部地区尤为明显，这是因为东部地区的数字基础设施较为完善，有利于数字经济的深入发展和应用。资源型产业主要集中于西部地区，西部地区是我国面积最大、人口最多、资源最丰富的地区，也是我国生态文明建设的重要基地。然而，由于自然条件、历史背景和发展水平的差异，西部地区内部存在着较大的发展不平衡问题，这些问题制约了西部地区整体发展水平。数字经济有助于促进东中西部地区区域协调发展。通过构建跨区域、跨行业、跨所有制的数字经济平台，数字经济可以实现资本、技术、人才等要素的跨界流动和优化配置，打破传统的行政区划和市场壁垒。数字经济将深度赋能不同地区传统行业的数字化改造，能源数字化将加快推进资源型产业高质量发展。综上所述，数字经济对东部地区资源型产业高质量发展的影响最为明显，主要是由于东部地区的数字经济发展水平较高，以及数字经济本身的特性与该地区经济发展需求的高度契合。

8.4.4　数字经济对不同流域资源型产业高质量发展的影响分析

党的十八大以来，推动长江经济带发展与推动黄河流域生态保护和高质量发展先后上升为国家重大区域战略。为深入揭示重大国家战略视角下数字经济对资源型产业发展的差异，本章选取长江流域以及黄河流域两大流域样本进行异质性分析，结果如表 8-5 所示。

表 8-5　不同流域数字经济对资源型产业高质量发展的影响效应

变量	黄河流域		长江流域	
	（1）	（2）	（3）	（4）
DUF	0.007**	0.009*	0.006***	0.003*
	（0.002）	（0.004）	（0.002）	（0.001）
Sci		0.201		0.473**
		（0.482）		（0.196）
Road		0.000		0.000
		（0.001）		（0.000）
Gov		−0.027		−0.006
		（0.030）		（0.032）
Fdi		0.265		−0.456
		（0.310）		（0.388）
Cons	0.968***	0.965***	0.974***	0.984***
	（0.011）	（0.011）	（0.009）	（0.010）
N	112	112	154	154
R^2	0.193	0.210	0.172	0.278

注：括号内为检验统计值所对应的标准差，***、** 和 * 分别表示 1%、5% 和 10% 的显著性水平。

结果显示，数字经济对黄河流域和长江流域资源型产业高质量发展的影响均具有显著的正向效应，这说明数字经济使长江流域和黄河流域的金融资源能够更加快速、准确地流向资源型产业。这不仅能够缓解这些资源型产业因地域、规模等因素导致的融资难的问题，还能够优化金融资源配置，提高资金的使用效率，从而推动资源型产业的升级与发展。数字经济对黄河流域资源型产业高质量发展的影响大于长江流域，这是因为黄河流域的生态环境相对脆弱，经济发展面临诸多挑战，如生态脆弱、沙漠化、水土流失等问题。这些问题促使该区域寻求新的发展模式，而数字经济作为一种新型金融模式，能够为黄河流域的生态保护和高质量发展提供有效支持，数字经济正在成为推动黄河流域高质量发展的重要动力。由于黄河流域的数字经济发展相对起步较晚，因此数字经济的应用和推广在该区域具有更大的空间和潜力，能够更显著地促进资源型产业高质量发展。长江流域的经济发展水平和数字经济发展程度普遍高于黄河流域，因此数字经济对其资源型产业高质量发展的边际效应可能相对较小。长江流域的产业结构更加多样化和高端化，对数字经济的依赖程度可能没有黄河流域那么高。因此，数字经济在黄河流域资源型产业高质量发展中的作用更为显著。

8.5 稳健性检验

为了证明本章实证结果的可靠性，拟从以下四个方面进行稳健性检验：

（1）剔除直辖市。考虑到直辖市经济发展水平较为特殊，本章将直辖市从研究样本中删除，再次进行估计。表8-6中模型（1）表明，数字经济对资源型产业高质量发展的回归系数仍显著为正，通过了1%的显著性水平检验，与基准回归结果保持一致。

（2）替换被解释变量。考虑到数字经济对资源型产业高质量发展的影响可能存在一定的时滞性，本章采用资源型产业高质量发展的滞后一期用于稳健性检验，模型（2）汇报了数字经济对资源型产业高质量发展的滞后一期的影响。回归结果显示，数字经济的回归系数均为正，且通过了5%水平的显著性检验，与表8-2的基准回归结果基本保持一致，说明即使在替换被解释变量的情况下，基准回归估计结果依然较为稳健。

（3）工具变量法。考虑到数字经济与资源型产业高质量发展可能存在反向因果导致的内生性问题，根据现有文献的做法，进一步通过选择合适的工具变量来解决内生性问题，采用数字经济的时间滞后项作为工具变量进行 2SLS 估计，回归结果见表 8-5 中模型（3），可以看出其系数显著为正，与前文结论保持一致。

（4）改变估计方法。本章将资源型产业高质量发展的滞后一期加入到模型中，使用混合 OLS 进行稳健性检验，结果如表 8-6 中模型（4）所示。改变估计方法之后其系数显著为正，与前文结论保持一致。

表 8-6　稳健性检验及内生性检验结果

变量	剔除直辖市	替换被解释变量	2SLS	混合 OLS
DUF	0.005^{***} （0.002）	0.003^{**} （0.001）	0.007^{***} （0.001）	0.005^{***} （0.001）
Sci	0.356^{***} （0.114）	0.148^{**} （0.062）	0.078 （0.068）	0.188^{**} （0.084）
Road	0.000 （0.000）	0.001^{***} （0.000）	0.000^{**} （0.000）	0.001^{**} （0.000）
Gov	0.007 （0.029）	0.031 （0.034）	-0.007^{**} （0.003）	-0.005 （0.004）
Fdi	-0.166 （0.177）	-0.227^{**} （0.095）	-0.024 （0.043）	-0.102 （0.090）
Cons	0.969^{***} （0.012）	0.966^{***} （0.012）	0.965^{***} （0.004）	0.971^{***} （0.006）
N	378	402	402	433
R^2	0.199	0.190	0.170	0.005^{***}

注：括号内为检验统计值所对应的标准差，***、** 和 * 分别表示 1%、5% 和 10% 的显著性水平。

8.6 本章小结

本章基于 31 个省份（不包括港澳台地区）相关数据，使用面板回归模型实证检验了数字经济对资源型产业高质量发展的影响，并且通过异质性检验揭示了我国东、中、西部地区以及长江流域和黄河流域数字经济对资源型产业高质量发展的影响程度不同。人工智能、大数据、云计算、区块链等数字技术和数字化极大提升了行业劳动生产率和企业经营决策效率，进而降低行业能耗，从而推动资源型产业高质量发展。具体结论如下：

（1）数字经济通过深化数字技术在产业场景中的应用改造传统产业，提高产品与服务的供给效率，提升产业部门的劳动生产率，推动资源型产业高质量发展，其降维指标数广度、深度以及数字化程度均对资源型产业高质量发展产生正向效应。

（2）数字经济对不同地区资源型产业高质量发展存在异质性影响。数字经济对东部地区和中西部地区资源型产业高质量发展均产生了显著的正向效应，而对东部地区资源型产业高质量发展的影响大于中部和西部地区。这主要是因为东部地区的数字基础设施较为完善，有利于数字经济的深入发展和应用。数字经济对黄河流域和长江流域的资源型产业高质量发展均呈现显著的促进效应，数字经济对黄河流域省份影响大于长江流域，这主要是因为黄河流域的生态环境相对脆弱，经济发展面临诸多挑战，如生态脆弱、沙漠化、水土流失等问题，这些问题促使该区域寻求新的发展模式。

（3）通过剔除特殊样本、替换被解释变量、2SLS、混合 OLS 方法对前文的结论进行稳健性检验。首先，分别剔除直辖市进行检验。其次，替换被解释变量，采用资源型产业高质量发展的滞后一期用于稳健性检验。再次，采用数字经济发展的时间滞后项作为工具变量，选取的工具变量满足相关性和外生性假设，采用两阶段最小二乘法（2SLS）进行估计。最后，采用混合 OLS 方法检验数字经济对资源型产业高质量发展的影响。

| 第 9 章 |
绿色技术创新对资源型产业高质量发展的影响研究

9.1 研究背景

近年来，随着我国经济社会的快速发展，环境污染、资源匮乏等问题越来越严重，引起了广泛关注。党的二十大报告指出："必须牢固树立和践行绿水青山就是金山银山的理念，站在人与自然和谐共生的高度谋划发展。"加快发展方式绿色转型，是党中央立足全面建成社会主义现代化强国、实现第二个百年奋斗目标，以中国式现代化全面推进中华民族伟大复兴作出的重大战略部署，具有十分重要的意义。我们要坚决贯彻落实党的二十大部署和要求，推动绿色发展，促进人与自然和谐共生。因此，我国迫切需要向资源节约型和环境友好型的新常态经济增长方式转变，而资源型产业作为支撑我国经济社会快速发展的基础性产业，主要特点是依赖对自然资源的勘探、开发与利用。但随着资源型产业快速发展而来的却是资源的大量消耗与环境污染不断加剧，呈现出明显的环境负外部性。因此，促进经济增长方式由高耗能、低效率、重污染的粗放型模式向低耗能、高效率、少污染的集约型模式转变，加快资源型产业的转型升级已迫在眉睫。

探究绿色技术创新对资源型产业高质量发展的影响具有重大的理论意义和价值，第一，目前关于绿色技术创新及其影响因素的研究不少，但现有研究多集中在企业层面，主要探讨的是企业绿色技术创新的影响因素，而聚焦于资源型产业的研究则相对匮乏。第二，依赖于自然资源的资源型产业在当今绿色发展背景下迫切需要转型，而绿色技术创新正是其转型的核心路径。影响资源型产业绿色技术创新的因素究竟有哪些、各因素又如何作用于绿色技术创新等问题仍未得到解决。对此，本书聚焦于绿色技术对资源型产业高质量发展的影响展开研究具有理论意义。另外，其现实意义和价值分别为：第一，绿色技术创新作为一项重点突出绿色环保的新型创新方法，不仅可实现传统技术创新带来的经济增长，还有利于保护环境、提高资源利用率，已成为促进经济、社会、生态协调统一发展的重要途径。随着我国政府对环保问题的重视和公众环保意识的增强，绿色技术创新已成为当今的热点，并且将日益成为可持续发展背景下技术创新研究的新方向，这对生态环境的保护和我国经济发展方式的转变都有着重要的作用。第二，面向 2030 年碳达峰及 2060 年碳中和的宏伟目标，产业转型升级已成为新时期资源型城市供给侧结构性改革的重要抓手。那么，实行绿色技术创新能否给资源型产业发展带来有效的帮助，以及会产生怎样的影响呢？

绿色技术创新为产业升级提供动力并创造必要条件。只有重视并增强产业创新能力，才能带来产业的升级，进而促使企业生产效率提升、工艺流程改进、资源能耗下降，驱动产业向有利于环境的方向发展。目前对于绿色技术创新是否有利于产业升级并实现绿色发展的探讨并未得到统一的结论。当前研究主要有如下三种观点：第一种观点是绿色技术创新有利于产业升级并实现绿色发展，即认为创新是产业升级的动力源泉，能够通过改进生产技术、降低生产成本、提升资源利用效率等途径促进产业技术升级并迈入绿色发展的良性循环。第二种观点是绿色技术创新不利于产业升级并实现绿色发展，即认为创新能力在不同产业间存在差异，创新能力较强的产业会对自身拥有的优势技术进行封锁保密，提高与创新能力较弱的产业进行技术交易转移的成本，创新能力较弱的产业由于无法获得并掌握外部创新技术，导致其生产技术、管理水平、能源消耗一直处于低端状态，进而制约绿色发展。第三种观点是绿色技术创新对产业升级的影响是非线性的，由于产业的创新要应用于实际生产当中需要一个吸收转化的过程，因此创新能力与产业升级，绿色发展呈现"U"形关系。拥有技术创新的产业更有可能获得技术升级的机会，具备向绿色发展转型的条件，因此资源型产业凭借技术创新可以突破关键核心技术瓶颈、改进产品质量、降低能耗成本、提升管理效能、升级产业结构，最终促进产业升级并实现绿色发展。据此，本节提出以下假设：

假设 4：绿色技术创新能够显著影响资源型产业高质量发展。

9.2　研究现状

9.2.1　绿色技术创新的发展现状

绿色技术，这个广义的概念代表了一种新兴技术，其目的是为了实现人类与自然的协调共存，并促进生态文明的发展，现阶段的主要目标是减少资源的使用，减轻环境污染，并提升生态环境质量。在构建一个既满足当代需求，又不损害后代利益的可持续发展模式[25]。绿色技术在促进绿色低碳发展方面发挥着重要作用。我国在绿色技术创新领域取得了巨大的进步和显著的成果，绿色技术创新的规模不断扩大，绿色技术创新网络也初步建立起来，同时对绿色技术创新的保障也在逐步完善。这些进展为我国实现可持续发展和环境保护打下了坚实的基础，并为推动绿色经济的发展作出了重要贡献。此外，我国在绿色技术产权保护和绿色技术人才队伍建设等方面也取得了令人瞩目的成就。

图 9-1 为 2008~2021 年全国绿色专利申请量变化趋势。从时间维度来看，2008~2020 年我国绿色专利申请量呈稳定增长趋势，2021 年略有下降，未来持续增长态势明显。我国正处于新旧动能转换的关键时期，政

府对高新技术产业的支持力度不断加大。在经济利益和相关政策的推动下，越来越多的企业开始转变发展思维，并加快了绿色转型的步伐。它们投入了更多的人力和资金，与试验研究机构合作进行绿色技术创新，进一步提高了绿色技术创新水平。

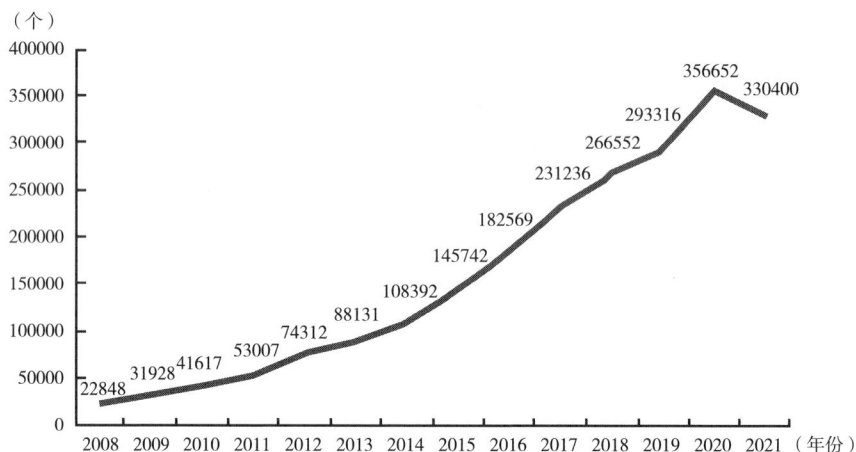

图9-1 2008~2021年全国绿色专利申请量变化趋势

将各区域划分为东、中、西部。图 9-2 展现了分区域的绿色专利申请量变化趋势。不同区域的绿色技术专利申请量呈现稳定增长的趋势。东部地区的绿色技术创新水平最高，中部地区次之，而西部地区的绿色技术创新水平相对较低。随着时间的推移，不同区域之间的绿色技术创新水平差距逐渐扩大。长期以来，东部地区拥有良好的经济社会基础，市场化水平高，大型工业企业众多，对外经济贸易活跃，创新氛围浓厚。东部地区具备较强的自主创新和消化吸收外国先进技术的能力，水平较高的北京、天津、上海、江苏和浙江均位于东部地区。同时，东部地区也具备较高的绿色技术创新能力，为经济社会发展和生态建设注入了新的动力，并形成了良性循环。相对而言，中部和西部地区的经济发展相对滞后，发展水平较低，绿色技术创新基础薄弱，绿色技术创新水平低于全国整体水平。因此，我们应充分发挥东部地区在绿色技术创新方面的引领和示范作用，积极推动东部与中部、东部与西部地区之间的合作与交流，以促进我国绿色技术创新水平的整体提升。

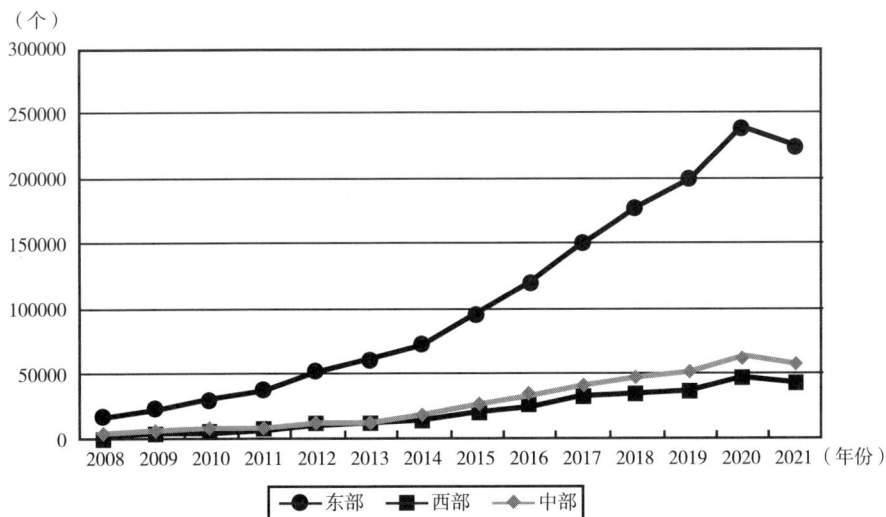

（个）

图 9-2　2008~2021年全国东、中、西部绿色专利申请量变化趋势

9.2.2　资源型产业的发展现状

对于资源型产业的定义，不同的研究者有不同的观点。国际上经济部门中那些以开发自然资源为基础的部门被普遍定义为资源型行业，包括但不限于农业、林业、渔业、矿业和畜牧业等。相对而言，国内对于资源型产业的理解存在两种不同的视角：广义与狭义。广义视角认为，资源型产业是涉及自然资源开发和利用的所有产业，该视角下包含了能源以及海洋、土地、森林、野生动植物等多样化资源。在狭义视角中，资源型产业主要包括矿产资源的开发、初级产品加工业、以及电力和热力的生产与供应等核心领域。此外，狭义的资源型产业还涉及煤炭、天然气、金属矿产、非金属矿产等属于不可再生资源的领域[10]。这种区分主要是为了更精确地描述和研究与资源开发和利用相关的产业。

9.2.3 绿色技术创新影响资源型产业发展存在的主要问题及其原因

关于创新技术是否能够促进经济增长效率的提高，存在一定的不确定性。这是因为创新活动必须考虑其机会成本，只有当技术创新带来的生产效率提升足以覆盖其机会成本时，才能认为创新对经济增长效率的提升起到了积极作用。但是，由于诸如创新成果应用率不高等因素的影响，创新带来的技术进步对总产值的提升额小于其机会成本，因此，这类创新活动并未有效促进经济增长效率的提高。此外，创新能否转化为真正的技术进步，在很大程度上依赖于基础研究条件。这表明仅有创新本身并不足以确保技术进步，还必须考虑创新的有效应用和基础研究的支持情况[28]。基础研究为技术创新提供了关键的理论和知识基础。如果基础研究条件不足或不够成熟，可能会限制创新的发展和技术进步的实现。因此，为了确保技术创新能够形成有效的技术进步，我们需要加强基础研究的支持和投入。综上所述，实现经济增长的效率提升，技术革新的角色虽关键，但其成效仍带有一定的不确定性。这其中基础科学研究的状况和机会成本是决定性的因素，需要在创新活动中认真权衡机会成本，并加强基础研究来提高技术创新的成功率和对经济增长的贡献。

尽管技术创新推动了传统经济增长效率的显著提升，但它在促进绿色经济增长方面的效果却仍充满不确定性。这里所说的传统经济增长效率是指资本与劳动的总投入与产出之间的比值。而绿色经济增长效率则重点关注在追求资源效率和环境质量提升的同时实现经济效益的增长。技术进步在提高经济增长效率上的贡献体现在两个方面：一是在维持产出总量不变的情况下，最大限度地减少资本与劳动的投入；二是在保持资本与劳动的投入不变的前提下，最大化经济总产出。

在绿色科技创新领域，相较于美国、欧洲、日本等发达经济体，我国在创新深度、质量，以及关键核心技术取得突破方面，仍显示出一定的差异性。绿色技术领域的市场成熟度尚需提高。在此过程中，"产学研用"

之间的协作机制遇到若干障碍，影响了技术创新向市场应用转化的效率。因此，加强这一领域的系统性创新与应用效率显得尤为重要。可以观察到，在各个地区间，长江经济带内绿色技术的发展不均衡，数据显示，长三角区域的绿色专利数量大约占长江经济带内总量的60%。相比之下，长江上游包括四川、重庆、云南和贵州仅占约14%。显而易见，这一差距表明绿色技术发展的空间均衡性有待提高。为此，有必要进一步激发市场活力，从多个角度优化和完善绿色技术的创新体系，以推动技术平衡发展，减少碳排放、减少污染、扩大绿色覆盖，并促进经济增长[29]。因此，我们需要加大绿色技术创新的力度，加大政策支持和资金投入，促进科研机构、高校和企业的合作与交流，以加快关键核心技术的研发突破。同时，我们也需要加强绿色技术的应用转化，改进技术转移机制，提高市场化程度，促进绿色技术在实际生产和生活中的广泛应用。只有通过这些努力，我们才能进一步提升我国绿色技术创新的水平，实现可持续发展的目标。

　　而资源型产业存在的问题在于，在产业结构方面，我国存在一定的偏重情况，主要表现为对化石能源的消耗量较大且能源消耗强度较高，这给能耗双控带来了较大的压力。此外，就工艺设备整体水平而言，相对来说仍然较为落后，导致能源的利用效率较低。同时，各方面的效益并不理想，而进行技术改造需要巨大的资金投入，但往往难以实现即时的经济回报，导致投入与产出不匹配。另外，还存在路径依赖问题，即一些发展尚可的产业不愿意转型，而转型存在一定的风险。而且，由于缺乏相应的专业人才，发展不好或资源枯竭型的产业转型难度较大。针对这些问题，首先，应该加大对绿色技术创新的研发和应用支持，提高工艺设备的水平，提高能源利用效率，降低能源消耗强度。其次，需要制定更加有利于技术改造和产业升级的政策，提供资金支持和税收优惠，以鼓励企业进行技术改造，并加强与金融机构的合作，提供融资支持。再次，应加强对产业转型的指导和培训，提供相应的专业人才支持，鼓励企业勇于转型，发展新兴产业。最后，需要加强与发达国家的合作与交流，借鉴其成功经验，加快我国产业结构调整和转型升级的步伐。通过上述措施的综合推进，我国将逐步解决产业结构中存在的问题，实现经济的可持续发展和绿色转型。

9.3 研究设计

9.3.1 模型构建

根据本书的假设，绿色技术创新与资源型产业高质量发展存在线性关系，故构建如下基准模型：

$$GML_{it}=\beta_0+\beta_1GTI_{it}+\beta_2Sci_{it}+\beta_3Road_{it}+\beta_4Gov_{it}+\beta_5Fdi_{it}+\mu_i+\gamma_t+\varepsilon_{it}$$

其中，β 为相关系数；it 为第 i 年的第 t 个省份；μ 为个体固定效应；γ_t 为时间固定效应；ε_{it} 为误差项[31]。

9.3.2 变量选取

9.3.2.1 被解释变量

本章选取基于 SBM-DDF-GML 指数测度的资源型产业绿色全要素生产率为被解释变量，其中，投入指标包括资本投入、劳动力投入和能源投入 3 个二级指标；期望产出包括经济产出 1 个指标；非期望产出包括"三废"产出，包括工业 SO_2 排放量、工业烟（粉）尘排放量、工业废水排放量。最终测算了 2008~2021 年我国 31 个省份（不包括港澳台地区）绿色全要素生产率，作为资源型产业高质量发展水平的最新成果。

9.3.2.2 解释变量

本书通过研究各省份的绿色技术创新水平来分析其对资源型产业高质量发展的影响。因此，本书选取了各省份的绿色专利的申请数据作为被解释变量，原因有以下两点：一是绿色专利最直观地反映了各省份绿色技术创新活动的产出，且专利具有明确的技术分类，可据此进一步将专利数据根据不同技术性质进行分类，以体现创新活动的不同价值内涵和贡献。二是因为专利申请流程耗时较长，采用专利申请数据而不是专利授权数据可以更具时效性地考察各省份绿色技术创新水平的变化。根据徐佳与崔静波（2020）[30] 的研究方法，本书使用各省份的绿色专利申请总数（GTI）来衡量企业的绿色技术创新能力。进一步地，本书将企业的绿色技术创新分为两类：发明型和实用新型，分别采用绿色发明专利申请数（GTI1）和绿色实用新型专利申请数（GTI2）作为衡量指标。依循徐佳与崔静波（2020）的处理方式，本书将绿色专利申请数、绿色发明专利申请数和绿色实用新型专利申请数进行综合处理。

9.3.2.3　控制变量

科技财政支出水平（Sci）采用政府及其相关部门为支持科技活动而进行的经费支出占财政支出的比重来衡量，我国根据经济发展阶段和发展战略，适时调整政府财政支出的结构，将财政的有限资金投入到科技前沿领域以及有助于提高国家自主创新能力的领域。

基础设施水平（Road）是综合服务功能的载体，道路作为区域内经济联系的纽带，在社会发展过程中占据着关键性的位置。基础设施越完善，可达性和便捷性的程度越高，就越能够吸引投资，从而会对经济发展产生一定的影响。本书采用人均城市道路面积来衡量城市基础设施水平。

政府干预程度（Gov）在适当范围内有利于资源实现最优配置并对经济高质量发展产生正向效应，但如果政府过度干预市场或财政支出缺乏效率，就会对经济增长产生负面影响，所以政府干预的系数并不确定。本书采用政府支出占 GDP 的比重来衡量政府干预程度。

对外开放水平（Fdi）采用外商直接投资占 GDP 的比重来衡量，该指标反映了外商直接投资对于城市或国家经济发展的重要性，适当的投资比例有助于提升资源配置效率，进而促进经济的持续增长。

9.3.3　数据来源与描述性统计

绿色专利数据主要来源于国家知识产权局，其余数据主要来源于国家统计局、历年《中国工业经济统计年鉴》《中国统计年鉴》《中国区域统计年鉴》、《中国劳动统计年鉴》、《中国城市统计年鉴》等。

表 9-1 是主要变量含义及描述性统计结果。

表 9-1　主要变量含义及描述性统计结果

变量名称	变量符号	均值	最小值	最大值
资源型产业高质量发展	GML	1.004	0.968	1.089
绿色专利申请总量	GTI	5130.650	1.000	56013
绿色专利专利授权总数	TPA	3065.233	0.000	45359
科技财政支出	Sci	0.019	0.000	0.072
基础设施	Road	15.418	4.040	27.937
政府财政支出	Gov	0.274	0.087	1.379
对外开放水平	Fdi	0.018	0.000	0.082

9.4　实证检验与结果分析

9.4.1　绿色技术创新对资源型产业高质量发展的影响分析

本书先对绿色技术创新对资源型产业高质量发展的影响进行回归分析，表 9-2 报告了绿色技术创新影响资源型产业高质量发展的线性回归结果。由数据可知，在控制了一系列变量之后，发现绿色技术创新对资源型产业高质量发展的影响系数在1%的统计水平上显著为正。这个结果表明，随着绿色技术创新水平的提高，对资源型产业高质量发展的促进作用将变得更加明显。这意味着绿色技术创新具有巨大的潜力，可以为资源型产业的可持续发展作出积极贡献。绿色技术创新提高可有效促进减排技术、末端处理技术在高排放产业的运用，推动高排放产业实现技术研发与生产，并提升末端治理能力，以此提高资源型产业发展质量。

表 9-2 绿色技术创新对资源型产业高质量发展的影响效应

变量	（1）	（2）	（3）	（4）	（5）
GTI	0.007*** （0.001）	0.007*** （0.001）	0.007*** （0.002）	0.007*** （0.002）	0.006*** （0.002）
Sci		0.204*** （0.046）	0.203*** （0.050）	0.205*** （0.044）	0.259*** （0.084）
Road			−0.000 （0.000）	−0.000 （0.000）	0.000 （0.000）
Gov				0.004 （0.025）	0.005 （0.024）
Fdi					−0.105 （0.132）
Cons	0.954*** （0.011）	0.951*** （0.011）	0.951*** （0.011）	0.950*** （0.012）	0.954*** （0.015）
N	432	431	431	431	431
R^2	0.203	0.212	0.212	0.212	0.216

注：括号内为检验统计值所对应的标准差，***、** 和 * 分别表示 1%、5% 和 10% 的显著性水平。

9.4.2 绿色技术创新对不同地区资源型产业高质量发展的影响分析

考虑到不同地区的环境保护水平、政府干预程度等方面存在差异。将 31 个省份划分为东、中、西三个区域进行分析，结果如表 9-3 所示。从模型（1）~模型（6）的分区域异质性回归结果来看，绿色技术创新对东部地区资源型产业高质量发展的影响最为显著，这是因为通过提升资源利用效率和降低生产成本，绿色技术创新能够提升东部地区资源型企业的竞争力和盈利能力。东部沿海地区，如广东、江苏、浙江等省份的经济发展水平较高，产业更新升级相对较快，第三产业等配套服务业发展较为完善。这些因素促进了资源能源的高效利用和环境污染的有效治理，使绿色发展在这些地区具有明显优势。中西部多是资源能源丰富地区，仍以高耗能、低附加值模式为主，绿色技术创新赋能中部和西部地区传统行业的生产模式仍需要一定的过程。

表9-3　不同区域绿色技术创新对资源型产业高质量发展的影响效应

变量	东部		中部		西部	
	（1）	（2）	（3）	（4）	（5）	（6）
GTI	0.011**	0.009*	0.007***	0.007*	0.003***	0.002*
	（0.004）	（0.005）	（0.002）	（0.004）	（0.001）	（0.001）
Sci		0.231**		0.026		0.327
		（0.098）		（0.156）		（0.188）
Road		0.000		0.000		0.001**
		（0.001）		（0.001）		（0.000）
Gov		0.074		−0.015		−0.004
		（0.236）		（0.038）		（0.012）
Fdi		−0.030		0.288*		0.145
		（0.178）		（0.134）		（0.154）
_cons	0.914***	0.908***	0.953***	0.946***	0.979***	0.973***
	（0.033）	（0.043）	（0.012）	（0.015）	（0.006）	（0.010）
N	154	153	140	140	138	138
R^2	0.270	0.284	0.247	0.271	0.153	0.197

注：括号内为检验统计值所对应的标准差，***、**和*分别表示1%、5%和10%的显著性水平。

9.4.3　绿色技术创新对不同流域资源型产业高质量发展的影响分析

我国将"长江经济带的发展"以及"黄河流域的生态保护与高品质发展"上升为关键的战略，这凸显了对于重要河流治理重要性的认知提升。这两个流域不仅是国家生态安全的重要屏障，也是推动高质量发展的重要试验区。它们代表着我国对环境保护和经济发展的双重关注，将以此为基础，推动长江经济带和黄河流域的可持续发展，实现生态文明建设和经济繁荣的良性循环。为深入揭示重大国家战略视角下绿色技术创新对资源型产业发展影响的差异，本书选取长江经济带以及黄河流域两大流域样本进行回归检验，长江经济带涵盖了11个省级行政区域，分别为上海、江苏、浙江、安徽、江西、湖北、湖南、重庆、四川、云南以及贵州；而黄河流域覆盖了青海、四川、甘肃、宁夏、内蒙古、陕西、山西、河南和山东9个省级区域。从表9-4中模型（1）~模型（4）的异质性回归结果来看，绿色技术创新对黄河流域和长江流域资源型产业高质量发展的影响均为正向效应，这是因为绿色技术创新能够增强资源型产业的生产效率，优化区域工业结构和空间布局，提升资源能源利用效率，推动资源型产业高质量发展。绿色技术创新对长江流域资源型产业高质量发展的推动作用尤为明显，这是因为西部地区及长江流域资源丰富，绿色技术的创新将有利于资源型产业将成本降低，大大提升生产效率，且绿色技术创新可以减少资源型产业在生产过程中产生的废料等，在后续处理环节也会降低费用的支出。

表 9-4 不同流域绿色创新对资源型产业高质量发展的影响效应

变量	黄河流域		长江流域	
	（1）	（2）	（3）	（4）
GTI	0.007^{**}	0.011	0.006^{***}	0.006^{***}
	（0.003）	（0.007）	（0.002）	（0.002）
Sci		0.068		0.397^{**}
		（0.430）		（0.147）
Road		−0.001		−0.001
		（0.002）		（0.001）
Gov		−0.039		−0.064
		（0.049）		（0.040）
Fdi		0.486^{*}		−0.351
		（0.219）		（0.354）
_cons	0.956^{***}	0.945^{***}	0.949^{***}	0.972^{***}
	（0.018）	（0.016）	（0.016）	（0.009）
N	112	112	154	154
R^2	0.184	0.216	0.248	0.321

注：括号内为检验统计值所对应的标准差，***、** 和 * 分别表示1%、5% 和10% 的显著性水平。

9.5 稳健性检验

为了证明本书实证结果的可靠性，拟从以下四方面进行稳健性检验：

（1）剔除直辖市。考虑到直辖市经济发展水平较为特殊，本书将直辖市从研究样本中删除，再次进行估计。表 9-5 中模型（1）产业转型升级示范区对资源型产业高质量发展影响的回归系数仍显著为正，通过了 1% 的显著性水平检验，与基准回归结果保持一致。

（2）替换被解释变量。考虑到绿色技术创新对资源型产业高质量发展的影响可能存在一定的时滞性，本书采用资源型产业高质量发展的滞后一期用于稳健性检验，表 9-5 中模型（2）汇报了绿色技术创新对资源型产业高质量发展的滞后一期的影响。回归结果显示，绿色技术创新的回归系数均为正，且通过了 1% 水平的显著性检验，与表 9-2 的基准回归结果基本保持一致，说明即使在替换被解释变量的情况下，基准回归估计结果依然较为稳健。

（3）工具变量法。此外，考虑到绿色技术创新与资源型产业高质量发展可能存在反向因果导致的内生性问题，根据现有文献的做法，进一步通过选择合适的工具变量来解决内生性问题，采用绿色技术创新的时间滞后项作为工具变量进行 2SLS 估计，回归结果见表 9-5 中模型（3）。可以看出，其系数显著为正，与前文结论保持一致。

表 9-5　稳健性检验及内生性检验结果分析

变量	（1）	（2）	（3）	（4）
GTI	0.006**	0.006***	0.005***	0.004***
	（0.002）	（0.001）	（0.001）	（0.001）
Sci	0.284**	0.092	−0.055	0.081
	（0.133）	（0.101）	（0.070）	（0.096）
Road	0.000	0.000	0.001***	0.001***
	（0.000）	（0.000）	（0.000）	（0.000）

变量	（1）	（2）	（3）	（4）
Gov	0.009 （0.025）	0.017 （0.023）	0.015*** （0.004）	0.015** （0.007）
Fdi	−0.100 （0.201）	−0.167** （0.081）	−0.021 （0.038）	−0.068 （0.095）
Cons	0.954*** （0.016）	0.952*** （0.007）	0.954*** （0.006）	0.958*** （0.010）
N	376	401	399	431
R^2	0.215	0.217	0.218	

注：括号内为检验统计值所对应的标准差，***、** 和 * 分别表示1%、5%和10%的显著性水平。

（4）改变估计方法。本书将资源型产业高质量发展的滞后一期加入到模型中，使用混合OLS进行稳健性检验，结果见表9-5中模型（4），改变估计方法之后其系数显著为正，与前文结论保持一致。

9.6　本章小结

本章基于我国31个省份（不包括港澳台地区）相关数据，使用面板回归模型实证检验了绿色技术创新对资源型产业高质量发展的影响，并且通过异质性检验，揭示了我国东、中、西部地区以及长江流域和黄河流域数字经济对资源型产业的影响程度不同，绿色技术创新作为推动资源优化配置、实现绿色发展的政策工具，对推动资源型产业高质量发展影响深远。具体结论如下：

（1）绿色技术创新对资源型产业高质量发展存在显著的正向效应，绿色技术创新提高可有效促进减排技术、末端处理技术在高排放产业的运用，推动高排放产业实现技术研发与应用，并提升末端治理能力，以此提高资源型产业发展质量。

（2）绿色技术创新对不同地区资源型产业高质量发展存在异质性影响。绿色技术创新对东部地区和中西部地区资源型产业高质量发展均产生了显著的正向效应，而对东部地区资源型产业高质量发展的影响大于中部和西部地区。这主要是因为东部沿海地区，如广东、江苏、浙江等省份的经济发展水平较高，产业更新升级相对较快，第三产业等配套服务业发展较为完善。这些因素促进了资源能源的高效利用和环境污染的有效治理，使绿色发展在这些地区具有明显优势。绿色技术创新对资源型产业技术创新效率的影响存在异质性，在长江流域尤为明显，这是因为西部地区及长江流域资源丰富，绿色技术的创新将有利于资源型产业成本的降低，大大提升生产效率，且绿色技术创新可以减少资源型产业在生产过程中产生的废料等，在后续处理环节中也会降低费用的支出。

（3）通过剔除特殊样本、替换被解释变量、2SLS、混合 OLS 方法对前文的结论进行稳健性检验。首先，分别剔除直辖市进行检验。其次，替换被解释变量，采用资源型产业高质量发展的滞后一期用于稳健性检验。再次，采用绿色技术创新发展的时间滞后项作为工具变量，选取的工具变量满足相关性和外生性假设，采用两阶段最小二乘法（2SLS）进行估计。最后，采用混合 OLS 方法检验绿色技术创新对资源型产业高质量发展的影响。

第 10 章
资源型产业高质量发展的效应研究

10.1 研究背景

党的二十大报告指出要推进美丽中国建设，加快发展方式绿色转型，提升生态系统多样性、稳定性、持续性，协同推进降碳、减污、扩绿、增长，推进生态优先、节约集约、绿色低碳发展。2021 年 2 月发布的《国务院关于加快建立健全绿色低碳循环发展经济体系的指导意见》指出，建立健全绿色低碳循环发展经济体系，促进经济社会发展全面绿色转型，是解决我国资源环境生态问题的基础之策。绿色循环低碳发展是高质量发展的鲜明底色，是中国经济转型发展的根本方向，是实现"碳达峰、碳中和"的重要措施和路径选择。

全球气候变暖给人类社会的可持续发展带来了严重的挑战，为更好应对气候变暖带来的问题，各国要逐步由高碳排放经济模式向低碳经济模式方式转变。我国作为世界最大的碳排放国，2020 年，中国在第七十五届联合国大会上提出要在 2030 年实现"碳达峰"承诺。在气候雄心峰会上，习近平总书记进一步宣布："到 2030 年，中国单位国内生产总值二氧化碳排放将比 2005 年下降 65% 以上，非化石能源占一次能源消费比重将达到 25% 左右，森林蓄积量将比 2005 年增加 60 亿立方米，风能、太阳能发电总装机容量将达到 12 亿千瓦以上。"作出了实现"碳达峰"和"碳中和"的"双碳"目标承诺。"双碳"承诺展现了我国应对气候变化的坚定决心，将使中国经济结构和经济社会运转方式产生深刻变革。"双碳"目标是我国重大战略选择，对于进一步推动经济的高质量发展、建设现代化具有重要意义。要加快调整优化产业结构，实施综合环保战略，促进各类资源保护和集约利用，发展绿色低碳产业，完善资源环境要素配置市场体系。

2021年中共中央、国务院印发的工作意见中，将调整产业结构作为实现"双碳"目标的途径，对产业结构转型提出了明确要求。要把握好"碳达峰""碳中和"这一机遇，对优化和改善产业结构提出了明确要求。加快推进产业结构现代化，逐步推进生态低碳产业结构和生产方式的形成。资源型产业是我国国民经济的重要组成部分，凭借其自身的自然资源优势，为我国经济的持续、健康、协调发展提供了基础能源和重要材料，推动了我国工业化进程，总体上加速了我国经济和社会的发展。然而，鉴于资源型产业中资源不可再生的特点，有些资源已走向枯竭甚至已经枯竭。同时我国作为发展中国家虽然近几年经济发展迅速，但是能源消耗巨大，碳排放量也居于世界各国家和地区前列。资源型产业作为工业经济中的特殊行业，一直同高耗能、高污染等名词等同起来。因此，研究资源型产业转型对低碳经济的影响，对于减少碳排放量、发展低碳经济有着重要意义。

随着时间的推移，能源、资源消耗和环境污染等现象与经济社会协调发展的矛盾日益显现，以能源、资源为支柱的产业也遇到了诸多困难与"瓶颈"。市场机制虽然可以对这些资源在相当程度上进行"合理配置"，但如果出发点是追求经济行为主体利益最大化，其结果必然是通过能源与资源开发利用获得短暂的繁荣，而生态环境却遭到了难以恢复的破坏。面对未来严峻的节能减排任务，这些资源型省区在理顺新常态下经济发展和节能减排关系的同时，要面对节能减排给产业转型升级带来的机遇和挑战，找到在节能减排趋势下适合自己创新发展的新路径，最终达到保护生态环境目标，实现绿水青山与发展共赢，使经济发展和生态环境保护相互促进、共同进步。为此，下面对资源型产业高质量发展产生的绿色低碳效应进行分析。

10.2　绿色低碳循环指标体系的构建与测度

绿色低碳经济的概念，其核心在于实现经济、社会与环境的和谐共生。它是一种以可持续发展为目标的经济发展模式，旨在通过提高资源利用效率、减少对环境的影响、降低碳排放等手段，实现经济增长的同时，也保障生态环境的健康。绿色低碳经济具有低能耗、低排放的特点，它强调在经济发展的过程中，通过技术创新和产业升级，降低能源消耗和温室气体排放，以实现低能耗、低排放的目标。同时可持续发展也是其显著特征，绿色低碳经济将可持续性作为核心原则，追求经济的长期稳定增长，同时确保生态环境得到保护和改善。绿色低碳经济亦重视资源的高效利用，它鼓励企业采取更加环保、节能、低碳的生产方式，提高资源利用效率，减少资源浪费。绿色低碳经济已经取得了一些显著的成果，通过发展清洁能源、推广节能技术等措施，已经实现了碳排放的显著减少。总之，绿色低碳经济是一种全新的经济发展模式，它将经济、社会和环境三者紧密结合在一起，追求经济的可持续发展和生态环境的健康。

10.2.1　指标体系构建

绿色低碳循环发展是绿色发展、低碳发展和循环发展三者之间的相互融合，绿色发展侧重于自然资源和生态环境保护问题。低碳发展侧重于节能减碳问题，循环发展侧重于资源高效利用问题。本书基于对绿色发展、低碳发展和循环发展的内涵理解，在遵循目的性、科学性、可操作性和具有代表性的原则下，从低碳、绿色、循环、经济四个维度构建绿色低碳循环发展指标体系，具体如表 10-1 所示。

表 10-1　绿色低碳循环发展指标体系

一级指标	二级指标	三级指标	具体公式	指标属性
绿色低碳循环发展指标体系	绿色发展	自然资源	人均水资源量（m³/人）	正向指标
			自然保护区个数（个）	正向指标
			森林覆盖率（%）	正向指标
		生态环境	城市建成绿化覆盖率（%）	正向指标
			地区绿地面积	正向指标
			地区造林面积	正向指标
	低碳发展	碳排放	碳排放量/GDP（万吨/亿元）	负向指标
			碳排放量/人口（万吨/万人）	负向指标
			碳排放量/面积	负向指标
		碳生产力	GDP/碳排放量（亿元/万吨）	正向指标
			第二产业GDP/碳排放量	正向指标
			第三产业GDP/碳排放量	正向指标
	循环发展	利用能力	工业固体废物综合利用率（%）	正向指标
			工业用水利用率（%）	正向指标
			城市再生用水利用率（%）	正向指标
		处理能力	工业废气处理能力（万立方米/时）	正向指标
			城市污水处理率（%）	正向指标
			生活垃圾无害处理率（%）	正向指标
	经济发展	经济效益	人均GDP	正向指标
			第三产业占GDP比重（%）	正向指标
			进出口总额/GDP（%）	负向指标
		社会效益	职工平均工资（元）	正向指标
			人均拥有公共图书馆藏量（本）	正向指标
			城镇登记失业率（%）	负向指标

10.2.2　测度方法

学术界确定指标权重的方法包括主观赋权法、客观赋权法和组合赋权法，本书运用时空极差熵权法测算 2008~2021 年我国 31 个省份的绿色低碳循环发展水平。传统的熵权法只能确定某一时间点的指标权重，而时空极差熵权法克服了这一缺陷，能够从时间和空间维度上确定指标权重，随着时空的演变能够动态的更新指标权重。

假设多层次评价体系由 n 个评价指标、m 个评价对象和 k 个时期所构成。指标体系为 X_i（i=1，2，…，n），在 t 时期的 X_i 的指标表示为 X_{ijt}（j=1，2，…，m，t=1，2，…，k）。

第一步，为了避免量纲差异，对数据进行标准化处理，令 x_{ijt} 标准化取值为 x'_{ijt}，得到无量纲化决策矩阵，其具体公式如下：

如果 X_i 为正向指标，则：

$$x'_{ijt} = \left[x_i - \min\left(x_{ijt}\right) \right] / \left[\max\left(x_{ijt}\right) - \min\left(x_{ijt}\right) \right]$$

如果 X_i 为负向指标，则：

$$x'_{ijt} = \left[\max\left(x_{ijt}\right) - x_{ijt} \right] / \left[\max\left(x_{ijt}\right) - \min\left(x_{ijt}\right) \right]$$

第二步，运用信息熵计算权重，计算公式为：

$$e_i = -\ln(km)^{-1} \sum_j \sum_t p_{ijt} \ln\left(p_{ijt}\right)$$

其中：

$$p_{ijt} = x'_{ijt} \Big/ \sum_j \sum_t x'_{ijt}$$

第三步，指标 X_i 的权重计算公式为：

$$W_i = (1-e_i) \Big/ \left(\sum_i 1-e_i \right)$$

第四步，对各个指标进行加权求和，计算公式为：

$$Z_{it} = \sum W_i \times x_{ijt}$$

10.3　研究设计

10.3.1　研究假设

资源型产业在我国工业化中作出了很大的贡献，在工业体系和国民经济体系中具有特殊的历史地位。随着经济发展进入新阶段，资源型产业所面临的资源枯竭、环境污染等问题日趋严重，制约着低碳经济可持续发展。自我国作出"双碳"承诺以来，党和国家为推动资源型产业转型制定了一系列政策措施，具体政策前文已有论述。结合国家相关政策文件来看，中央政府出台一系列政策并建立转向资金支持和引导产业转向升级发展，产业转型政策通过影响地方政府和企业的行为对碳排放产生影响：一方面，地方政府是产业转型升级的直接推动者，其在新能源发展、产业结构调整、绿色技术推广方面的政策有利于推动碳排放的减少；另一方面，企业是产业转型的主体，在有关政策的激励下，企业提高绿色技术的研发、更新设备的环保功能以及推广绿色的生产方式，进而降低碳排放。

创新是引领绿色低碳发展的重要动力，产业转型强调产业转型升级由依靠要素驱动向依靠创新驱动转变。创新驱动的集约模式是资源型产业打破"资源诅咒"、推动产业转型和绿色增长的关键。党和国家为优化资源型产业转型升级制定了一系列的机理举措激发企业的积极性。此外政府还进一步提高了企业准入及生产的环保标准和门槛，强化了管制力度。"波特"假说认为，适度的环境规制能够激发绿色技术创新，提升企业的创新能力和提高生产率，激励企业加快绿色产品和低碳技术的研发，有助于引导企业绿色低碳转型。综上所述，资源型产业转型升级能够通过技术创新来降级碳排放。据此，本书提出以下假设：

假设 5：资源型产业高质量开放推动绿色低碳发展。

10.3.2 变量选取

10.3.2.1 被解释变量

本书选取基于 SBM-DDF-GML 指数测度的资源型产业绿色全要素生产率为被解释变量，其中，投入指标包括资本投入、劳动力投入和能源投入 3 个二级指标；期望产出包括经济产出 1 个指标；非期望产出包括"三废"产出，包括工业 SO_2 排放量、工业烟尘排放量、工业废水排放量。最终测算了 2008~2021 年我国 31 个省份（不包括港澳台地区）绿色全要素生产率，作为资源型产业高质量发展水平的最新成果。

10.3.2.2　解释变量

绿色低碳发展是绿色发展、低碳发展和循环发展三者之间的相互融合，绿色发展则侧重于自然资源和生态环境保护问题。低碳发展侧重于节能减碳问题，循环发展侧重于资源高效利用问题。本书基于对绿色发展、低碳发展和循环发展的内涵理解，在遵循目的性、科学性、可操作性和具有代表性的原则下，借鉴已有文献研究成果从低碳、绿色、循环、经济四个维度构建绿色低碳循环发展指标体系，运用时空极差熵权法进行测度。

10.3.2.3　控制变量

为了更全面地分析资源型产业转型对碳排放的影响，还需要设定对绿色低碳循环发展产生影响的控制变量。

教育水平（Edu）采用财政教育支出占财政支出的比重来衡量，政府通过持续增加财政教育投入，调整优化财政支出结构，确保教育支出占财政支出的比重逐年提高，以实现教育优先发展战略，推动国家长期发展和人力资源的培养。

政府干预程度（Gov）在适当范围内有利于资源实现最优配置并对经济高质量发展产生正向效应，但如果政府过度干预市场或财政支出缺乏效率，就会对经济增长产生负面影响，所以政府干预的系数并不确定。本书采用政府支出占 GDP 的比重来衡量政府干预程度。

对外开放水平（Fdi）采用外商直接投资占 GDP 的比重来衡量，该指标反映了外商直接投资对于城市或国家经济发展的重要性，适当的投资比例有助于提升资源配置效率，进而促进经济的持续增长。

10.3.3　数据来源

本书采用 31 个省份（不包括港澳台地区）相关数据测算了资源型产业高质量发展指标。数据主要来源于国家统计局、历年《中国工业经济统计年鉴》、《中国统计年鉴》、《中国区域统计年鉴》、《中国劳动统计年鉴》、《中国城市统计年鉴》等。对于个别缺失的数据则采用插值法进行补充。表 10-2 是主要变量的描述性统计结果。

表 10-2　变量含义及描述性统计

变量名称	变量符号	均值	最小值	最大值
绿色低碳	GLC	0.368	0.139	0.626
教育水平	Edu	0.061	0.042	0.124
政府支出	Gov	0.274	0.087	1.379
外商直接投资	Fdi	0.018	0.000	0.082

10.4　实证检验与结果分析

10.4.1　资源型产业高质量发展对绿色低碳循环发展的影响分析

本书先对资源型产业对绿色低碳循环发展进行回归分析，表 10-3 报告了资源型产业转型对绿色低碳循环发展影响的基准回归结果。模型（1）报告了不考虑控制变量资源型产业高质量发展对绿色低碳循环发展的影响，结果显示资源型产业高质量发展（GML）的估计系数为 0.628，在 5% 水平上显著为正，这说明资源型产业升级转型有利于绿色低碳循环发展。模型（2）~ 模型（4）分别为加入教育水平、外商直接投资以及政府支出程度等控制变量后的基准回归结果。

表 10-3　资源型产业高质量发展对绿色低碳循环发展的影响结果

变量	（1）	（2）	（3）	（4）
GML	0.628** （2.50）	0.780*** （3.29）	0.716*** （3.04）	0.793*** （3.44）
Edu		2.411*** （7.76）	2.566*** （8.22）	2.305*** （7.25）
Gov			−0.056*** （−3.02）	−0.022 （−1.13）

变量	（1）	（2）	（3）	（4）
Fdi				1.179***
				（5.03）
_cons	0.365***	0.216***	0.222***	0.208***
	（90.53）	（11.06）	（11.42）	（10.48）
N	434	434	434	433
R^2	0.012	0.131	0.147	0.180

注：括号内为检验统计值所对应的标准差，***、** 和 * 分别表示 1%、5% 和 10% 的显著性水平。

10.4.2　异质性分析

前文探讨了资源型产业转型对碳排放水平的影响及其传导机制，并未考虑到各区域之间的差异性。区域发展不平衡会导致资源型产业转型对碳排放水平影响的不同。表 10-4 列出了不同域和不同流域资源型产业转型对碳排放水平的影响差异。将 31 个省份划分为东、中、西（将东三省划分到东部地区）三个区域进行分析，"长江流域"以及"黄河流域"已成为我国保障国家生态安全的重要屏障和高质量发展的重要试验区。为从国家重点战略的角度厘清资源型产业转型对碳排放的影响，本书选取长江流域和黄河流域两大流域进行进一步回归检验。

表 10-4　异质性分析结果

变量	东部	中部	西部	长江流域	黄河流域
	（1）	（2）	（3）	（4）	（5）
GML	0.016**	0.038***	0.019	0.002	0.005**
	（2.20）	（4.00）	（1.46）	（0.95）	（2.12）
Edu	6.952***	9.969**	−12.591***	3.216***	−1.210
	（8.59）	（2.58）	（−5.92）	（8.91）	（−1.53）
Gov	−1.289***	−1.830***	0.478***	−0.297***	−0.062
	（−8.05）	（−4.51）	（8.26）	（−6.56）	（−1.24）
Fdi	1.234*	8.241***	16.305***	1.053***	3.028***
	（1.83）	（7.37）	（9.32）	（4.12）	（4.78）

续表

变量	东部	中部	西部	长江流域	黄河流域
	（1）	（2）	（3）	（4）	（5）
Sci	0.178***	0.298***	0.181***	0.083***	0.041***
	（6.45）	（8.24）	（6.16）	（12.82）	（4.51）
Cons	−1.866***	−2.561***	−1.417***	−0.075*	0.202***
	（−15.31）	（−8.49）	（−7.22）	（−1.74）	（3.15）
R^2	0.450	0.560	0.515	0.682	0.409
F	32.793	22.120	33.476	60.706	18.317

注：括号内为检验统计值所对应的标准差，***、** 和 * 分别表示 1%、5% 和 10% 的显著性水平。

从表 10-4 中模型（1）~模型（3）的分区域异质性回归结果来看，资源型产业转型对中部地区碳排放水平的影响最为显著，这是因为中部多是资源能源丰富的地区，仍以高耗能、低附加值模式为主，资源型产业转型将赋能中部地区产业转型升级，加快培育壮大节能环保产业，持续推进工业节能清洁循环低碳发展。从模型（4）和模型（5）的分流域异质性回归结果来看，资源型产业转型对长江经济带和黄河流域碳排放水平都存在正向效应，这是因为资源型产业转型能够增强绿色技术创新能力，优化区域工业结构和空间布局，提升资源能源利用率，推动碳排放水平的进一步降低。但资源型产业转型对黄河流域的影响更大，这是由于处于黄河流域的产业大多基于高耗能、低附加值的发展模式，所以当其资源型产业进行转型升级时对碳排放水平的影响更为显著。

10.5　稳健性检验

为了验证本书实证结果的可靠性，主要从以两个方面进行稳健性检验：

（1）剔除了直辖市。考虑到直辖市经济发展水平和经济政策制定方面比较特殊，本书将直辖市从研究样本中删除进行估计。表 10-5 中模型

（1）资源型产业转型对碳排放水平的影响回归系数仍显著为正，通过了
1% 的显著水平检验，与基准回归保持一致。

表 10-5　稳健性检验

变量	剔除直辖市	改变估计方法
	（1）	（2）
GML	0.011***	0.015***
	（3.30）	（3.63）
Edu	1.015**	−2.881***
	（2.10）	（−4.49）
Gov	−0.200***	0.061***
	（−12.62）	（3.00）
Fdi	−1.443***	1.823***
	（−7.01）	（6.37）
Sci	−0.055***	
	（−17.99）	
_cons	−0.658***	−0.280
	（−4.02）	（−1.29）
N	351	351
R^2	0.581	0.169
F	97.950	18.824

注：括号内为检验统计值所对应的标准差，***、** 和 * 分别表示 1%、5% 和 10% 的显著性水平。

（2）改变估计方法。本书将绿色低碳循环发展的滞后一期加入到模型
中进行稳健性检验。模型（2）中资源型产业转型对碳排放水平影响的回
归系数仍显著为正，表明本书的回归结果具有较好的稳健性。

10.6　本章小结

本章旨在探究资源型产业转型对碳排放水平的影响以及作用机制。首

先从理论上阐述了资源型产业转型对碳排放水平的影响机理并提出假设；其次构建中国绿色低碳循环发展指标体系用其表征碳排放水平，运用时空极差熵权法对其进行测度，并基于基准模型和中介效应对资源型产业转型如何影响碳排放水平进行实证检验。通过实证结果我们可以得出主要研究结论：资源型产业转型明显推动了碳排放水平的降低，资源型产业的转型升级与碳排放水平的降低呈现一种正向的关系，资源型产业转型已成为实现碳达峰、碳中和的重要驱动力。通过剔除特殊样本、改变估计方法对前文的结论进行稳健性检验。首先，分别剔除直辖市进行检验。其次，改变估计方法，采用绿色低碳循环发展的滞后一期用于稳健性检验，结论依然显著。本章得出以下启示：

当前，资源型产业的发展仍需消耗大量能源，产业发展仍面临低碳排放的压力。因此，要落实节能减排政策，资源型产业转型要继续努力，大力发展清洁能源和可再生能源，从而推动资源型产业低碳化。在这个过程中，政府要发挥重要作用，要有稳定的政策体系，鼓励企业进一步发展。同时，政府应因地制宜，对不同地区采取不同的政策，制定有针对性的政策。政府要完善碳循环、碳汇政策相关的法律体系，建立碳补偿机制。对于资源型经济地区和低碳理念薄弱的区域来说，应基于"谁开发谁保护，谁破坏谁恢复，谁污染谁付费"的原则，适当选择产业发展模式。政府要把资源型产业发展与区域社会总体规划和生态文明建设联系起来考虑和布局。政府还应该提高现有的技术水平，掌握各资源型产业的历史排放量和碳排放的未来趋势，完善碳排放权交易机制。

通过异质性分析可知，政府要针对各个省份的经济发展状况、产业布局和资源禀赋差异实施不同的碳排放政策，促进区域产业结构转型，实现低碳发展。东部地区经济水平比较发达，拥有人才、资本和技术资源，政府可以鼓励企业进行低碳技术的研究，提高能源利用率并助力全国低碳技术的推广应用。中部地区大多以工业为主，政府要鼓励其加快工业产业优化升级，着力发展先进制造业，提高产品附加值。西部地区有丰富的资源，可以进一步发展太阳能发电、风力发电等产业。

|第 11 章|
政策建议

　　资源型产业是国家的战略性产业，主要集中在中西部自然禀赋丰裕的经济欠发达地区，为资源禀赋地区高端制造业发展提供原材料和能源动力，助力地区经济发展。因资源型产业呈现高能耗、高污染、高排放、低附加值的特点，在提高经济效益的同时，不可避免地加剧环境污染排放，增加了环境治理成本，因此在经济与环境的双重压力下，高质量发展是资源型产业转型发展的新契机，资源型产业走上绿色可持续发展之路刻不容缓。目前一些资源型城市在政府出台的多项产业和环境政策扶持下，配备构建完善的营商环境，通过产业结构优化和绿色技术创新等实现了高质量发展，形成了多创新主体协同驱动下创新引领、区域协同、绿色发展、开放合作和普惠共享的资源型城市全面协调发展。明晰资源型产业高质量发展的实现路径能够更有针对性地提升资源型产业发展质量，做到精准施策。接下来，将基于前文提到的产业政策、环境政策、绿色技术创新和数字经济四个关键因素分析资源型产业高质量发展的实现路径并提出政策建议。

11.1 资源型产业高质量发展的实现路径

11.1.1 产业政策对资源型产业高质量发展发挥支撑作用

科学设计产业政策并有效落实，有利于促进资源型地区产业高质量发展。产业政策一般包括产业结构政策、产业布局政策和产业组织政策，这三类政策可以从供给端发力，促进资源型地区产业结构优化、产业布局合理和产业组织发展，从而提高资源型地区高质量发展。党的十八大以来，以习近平同志为核心的党中央对资源型地区的产业结构转型升级与高质量发展给予了极高的重视，先后作出推进山东新旧动能转换综合试验区建设、支持新疆建设国家"三基地一通道"、推进山西国家资源型经济转型综合配套改革试验区建设和能源革命综合改革试点、支持宁夏建设黄河流域生态保护和高质量发展先行区、建设长吉图开发开放先导区等战略决策，为相关省区破解发展难题、加快发展振兴指明了前进方向。

调整产业结构。资源密集型地区普遍面临产业结构欠佳、产业类型单调的问题，需要根据产业所处不同的发展阶段实施不同的产业政策，政府需减少对传统落后产业，如环境污染型、资源消耗型产业的政策性扶持，加强对衰退产业的政策介入程度，提高对幼稚产业和新兴产业的支持力度，尤其要加强对先进制造业和高技术产业发展的扶持力度，积极打造先进制造业和高技术产业集群，促进集群内高技术服务业、现代金融、现代物流同实体经济产业协调发展，强链补链延链，通过产业结构政策干预影响就业，改善产业链主体收入水平，促进资源型地区高质量发展。

优化产业布局。推行区域产业布局政策可有效引导地区间经济的协调发展。一方面，依托构建新发展格局，根据地区比较优势和要素禀赋条件开展产业布局，吸引外部资源来发展相关产业，推进产业链各环节实现区域协调配置，产业政策的目标从以往致力于资本形成转向引领创新，其手段和着力点也从以往重视土地、财政、税收等投资要素支持转向重视人才、技术、环境等创新要素的培育。另一方面，通过一定程度的区域产业布局倾斜政策，鼓励与发达地区建立产业联系，促进资源型地区产业高质量发展。

发展产业组织。积极营造有利于大中小企业有机促进、互依互存的发展环境，克服以往过分强调"集中度"和"大企业"的政策导向，在注重培育领航企业、龙头企业的基础上，协调企业间关系，更加注重对中小企业的培育，尤其要注重提升中小企业的专业化水平，不断培育专精特新"小巨人"企业，促进不同类型、不同规模的企业公平竞争，发挥"中小企业"的就业"容纳器"作用，汇集多市场创新主体的力量，激励更多的市场主体提高努力程度，着力扩大中等收入群体规模，扎实推进资源型地区产业高质量发展。通过发挥政府引导产业创新的积极作用，发挥国有大型骨干企业和高科技企业的创新主导作用和中小企业的创新主体作用，高等院校和研发机构在理论创新、知识创新以及技术创新方面发挥先导作用，金融机构、中介服务机构等配套辅助的创新主体发挥创新支持作用，科学制定创新激励政策，营造良好的创新环境，构建创新要素、创新资源充分涌动、互动合作、竞争有序的创新网络，形成资源型地区产业创新发展的良好态势。

资源型地区视创新为第一推动力。同时，政府运用产业政策激励市场主体在关注发展速度的基础上，加大对提升经济效率的重视，引导劳动资本等生产要素转移至高附加值产业，产业政策发挥着支撑资源型产业高质量发展的重要作用。

11.1.2 环境政策对资源型产业高质量发展发挥约束作用

环境政策工具是指政府实现其环境政策目标所运用的各种方法与技术的总称，是通过环境政策干预企业活动，达到经济与环境协调发展的社会性规制，其重点在于解决经济活动中的环境外部性问题。环境政策工具作为激发企业创新的有效外部手段，是政府实施治理的重要手段和途径，是连接政策目标与结果的桥梁纽带。环境政策工具对资源型产业实现高质量发展的影响则取决于政策设计特征及其应用的具体情境的不同，政策的执行落实主要由地方政府相关职能部门负责，而且由于政府部门多且信息难以实现完全对称共享，势必导致当下的政策名目繁多且交叉重叠情形非常普遍，厘清环境政策对资源型产业高质量发展的作用路径十分有意义。

常见的环境政策类型有命令控制型、市场激励型、自愿行动型和公众参与型。一种观点认为，环境政策制约资源型企业高质量创新，强制性的环境政策会迫使企业改变其工艺流程和技术，导致生产率下降或会导致企业生产成本增加，阻碍高质量创新而且环保补助对企业绿色创新存在"挤出效应"。另一种观点认为，环境政策促进资源型企业高质量创新，如排污权交易试点政策和排污收费能够通过诱发企业增加绿色发明专利促进高质量创新，且有利于企业的长期技术进步。尽管环境规制在短期内会导致生产的成本增加，但是从长期来看，其对清洁技术的高要求以及市场所带来的生存压力会迫使高耗能、高污染的企业进行技术创新，优化产业结构，提升市场竞争力，这种倒逼企业创新带来的经济收益可以远远抵消前期的投入成本，最终促进资源型产业高质量发展，前期主要表现为"创新补偿效应"。企业会因为环境规制从而提升自身的竞争力、加大研发投入，进而实现技术创新，最终实现产业升级，产业的升级会进一步促进全球价值链的升级。但过度的环境规制会制约资源型产业的高质量发展，然而合理的环境管制能够有效转变技术进步的方向，为中国工业向绿色技术进步的路径转型提供助力。还有一种观点认为，环境规制和资源型企业高质量发展之间存在非单调关系，即随着公众参与度不断增加，环境规制促进资源型产业高质量发展的效果更显著，且在不同地区和经济发展不同阶段均存在差异。除此之外，政策作用还取决于政策设计特征及其应用情境的不同。命令控制型环境政策存在短期约束、长期促进的作用，市场激励型政策工具具有明确方向与实现行为主体自主灵活的作用，自愿行动型政策工具一般可以对企业产生更强的创新激励但需强有力的政府政策保障与监督。

11.1.3 绿色技术创新对资源型产业高质量发展发挥驱动作用

2021年印发的《推进资源型地区高质量发展"十四五"实施方案》明确，推进资源型地区高质量发展，着力激发创新活力，着力完善体制机制，着力夯实转型基础，着力补齐民生短板，加快形成内生动力强劲、人民生活幸福、生态环境优美的高质量发展新局面。资源型地区产业发展的重中之重是推动传统能源产业的转型升级和大力发展绿色能源。环境污染了再去治理、资源枯竭了才要节约，都是短视的行为。时刻牢记"绿水青山就是金山银山"的发展理念，把实现减污降碳协同增效作为总抓手，加快推动能源结构调整优化，推进各类资源节约集约利用，大力发展绿色低碳产业，突破绿色能源关键核心技术。在"双碳"战略目标的指导下，我国资源密集型地区成为实现碳达峰与碳中和目标的主战场。各地区立足当地能源资源禀赋，坚持先立后破，对碳排放总量和强度进行"双控"，坚持宜风则风、宜光则光，统筹新能源重大生产力优化布局，推进煤炭有序开采和清洁高效利用。

在资源型产业迈向高质量发展的进程中，绿色技术创新发挥着重要驱动作用。创新作为第一生产力，其驱动发展战略意味着我国未来的发展要依靠科技创新驱动，而非传统劳动力和资源能源驱动。技术创新是指新知识、新技术的涌现催生新产品、新服务，以及新工艺在某产业中初次应用，进而实现价值增值的活动。技术创新通过推动资源要素升级、提升要素禀赋结构，促使新的技术改进，达到良性循环，从而对经济增长起到促进作用。绿色技术创新为资源型城市高质量转型提供技术支持，是至关重要的动力，主要通过调整产业结构、提升生态环境承载力和培育核心科技能力三方面驱动资源型产业高质量发展。

调整产业结构。一方面，通过绿色技术创新对资源产业技术的巩固和改造，可以促进资源深加工和产业链升级，增强资源优势产业的竞争力。另一方面，绿色技术创新的倾斜和渗透可调整产业结构向辅助和关联产业、高新技术产业等新型战略产业的递进，塑造新的优势产业。如杭州市余杭经济技术开发区，构建"一园五区"空间发展格局，实施老工业区提升改造，有效盘活存量用地 1550 亩，开展高能耗高污染行业整治提升，关停淘汰落后产能企业，推进园区"腾笼换鸟"。持续优化用能结构，建设天然气分布式供热泛能网，在全省范围内率先实现工业燃煤清零，园区企业实现清洁能源集中供热。此外还实施"新制造业计划"，大力发展可再生能源等绿色循环产业，成功引培了运达风电、南都电源动力、尚越光电、汉尔姆建筑等一批绿色循环产业标杆企业，推动产业绿色升级。

提升生态环境承载力。绿色技术创新是提升生态环境承载力的必要条件。一方面，从清洁生产和绿色能源角度来看，绿色技术创新可以带动产业绿色生产，从源头端控制生态环境破坏。另一方面，从生态治理角度来看，生态修复技术创新积极参与现代化环境治理体系，对已经造成的生态污染和破坏进行治理修复。如拉鲁湿地北山采石场紧邻市区，开采形成了大面积裸露的高陡岩质边坡，造成了土地植被资源损毁、危岩体崩塌地质安全隐患及水土流失，为消除矿区地质安全隐患，控制水土流失，提升景观效果，采用了"固废生物质循环再利用处理技术""团粒喷播植被恢复技术"等生态修复实用技术，完成废弃和损毁土地的恢复，形成了物种多样的灌草植被群落，消除了地质安全隐患，提升了高寒高海拔地区高陡岩质边坡生态修复效果。

培育核心科技能力。绿色技术创新可以有效培育核心科技能力。通过创新成果的应用和推广，实现人力资本和技术资本的积累，建立科技能力创新体系，全力推进城市高质量发展。如内蒙古和林格尔县拥有61家各级各类研发平台、23家高新技术企业（数据截至2024年），在此基础上又培育技术研究中心等研发机构，加大企业自主研发投入力度，以县内的国家农业科技园区为例，园区凭借其在农牧业发展的区位优势，以打造绿色产业为引领，依托蒙牛乳业、富源牧业、现代牧业、圣牧高科、初元等乳品龙头企业，通过研发新产品新技术，促进乳产业链创新能力的显著提升。还有许多其他企业，如赛科星公司开展航天诱变及动物干细胞诱导新技术的研究与推广，开创了国内畜牧种业航天育种的先河；必威安泰生物科技公司采用生物反应器细胞悬浮培养技术提高动物免疫力，打造绿色食品，防范食品安全提供保障等。由此可见，和林格尔县深化产学研合作，合力推动协同创新，培养了一批知识结构合理、专业技能过硬的科技型、应用型、复合型人才，研发了一批处于行业领先水平的新技术新成果，形成了拥有自主知识产权和人才团队的研发体系，激发了企业创新创造活力，加快了科技成果的转化，自主创新能力明显提升，形成多产业融合、多主体培育、多要素发力的产业格局，逐渐成为呼和浩特市及周边绿色农畜产品的输出基地。

11.1.4　数字经济对资源型产业高质量发展发挥保障作用

金融经营效率与产业结构升级存在长期均衡的关系，通过放宽金融服务准入的条件，促进资本市场自由发展等方式，能够有效推动产业结构的转型升级，并增强经济运行效率和增长的活力。在资源型经济转型过程中，金融制度和金融体系的支持显得尤为重要。在支持企业生产创新活动中，传统金融部门暴露出了一些结构性问题，如"资源错配"和"流动性分层"等问题，而数字经济作为传统金融通过科技赋能方式形成的新产物，对微观企业技术创新乃至宏观经济发展质量而言都产生了重大的影响。随着数字技术和产业互联网的不断发展，企业端数据能够被有效利用，极大地促进数字经济与实体经济之间深度融合，从而为数字经济赋能资源型产业高质量发展奠定基础。数字经济保障资源型产业高质量发展的路径主要通过缓解信息不对称、优化传统金融服务和技术创新三方面驱动资源型产业高质量发展。

缓解信息不对称。随着金融体系的不断发展完善，金融服务能够有效缓解和解决信息不对称与交易成本问题，进而激励资本积聚和科技创新，促进产业结构优化和经济发展。以数字普惠金融为代表的金融体系通过创新和深化发展，能够有效缓解行业内部及跨行业的信息不对称问题，拓宽企业融资渠道，并为其提供层次更为丰富的融资方式（智能投顾、供应链金融、消费金融等），降低企业外部融资成本，也能够为企业的信息技术分析提供优质技术工具，协助企业更好地识别出技术创新演替过程中的最佳路径，助力企业制定出合理又高效的生产与技术创新策略。

优化传统金融服务。数字经济的发展能提升金融机构的信息管理和处理水平，促进支付结算、运营效率等的提升，新兴金融科技公司通过金融科技手段有效甄别客户信息，放款速度极速提升，加快了传统金融机构的交易速度和支付结算速度，大大节约产业结构转型升级的金融成本，能迅速精准匹配产业链的各个需求端，及时有效地为产业发展提供资金以及深度契合的数字化金融服务支持，并进一步推动金融资源的合理高效配置。

在传统金融供给充分的地方，金融发展程度通常较高，金融从业人员知识水平和消费者对金融产品理解和使用也更加充分，可以为数字经济提供发展所需的智力支持，促进资源型产业优化与升级。

促进技术创新。技术创新不但能够促进经济实现长期稳健增长，还能有效带动经济结构的优化转型，推动经济迈向高质量发展。金融作为微观主体技术创新的一个核心组成部分，其有效供给对于技术创新活动的顺利开展具有直接的影响。数字经济是技术创新与传统金融在基因层面融合产生的创新产物，技术创新是数字经济发展的潜在驱动力。有效驱动微观企业技术创新是主要由政策、制度、要素供给等构成的一项系统工程，是企业技术创新活动开展的基础。在具备技术创新所必需的金融、政策、市场等支撑系统的条件下，资源型企业能够充分利用自身的要素禀赋，就可能使技术创新活动保持在高水平，促进资源型产业高质量的发展。

11.2 资源型产业高质量发展的政策建议

资源型地区因资源而兴，也会因资源而衰，如何摆脱"资源衰退—城市消亡"的宿命，探出一条高质量发展的新路径，是所有资源型地区必须直面的拷问。国务院在批复《推进资源型地区高质量发展"十四五"实施方案》的函文中明确，综合运用投资、财税、金融、土地等政策，在项目建设、资金投入、体制机制创新等方面给予积极支持，及时协调解决资源型地区转型发展中遇到的困难和问题。加快形成内生动力强劲、人民生活幸福、生态环境优美的高质量发展新局面。作为资源型地区的重要增长点，资源型产业的高质量发展不仅关乎一城一域的命运，更是立足新发展阶段、贯彻新发展理念、构建新发展格局的必然要求。

11.2.1 保障地区资源能源安全

（1）统筹资源能源开发与保护。统筹规划战略性矿产资源的调查评价、勘查和开发利用，提升资源能源储备、供给和保障能力及水平。加强对天然气、页岩气的勘探，推动天然气与太阳能、地热源、水源等可再生能源融合发展，支持利用采煤沉陷区受损土地、其他闲置土地以及屋顶、水面等可利用空间发展光伏发电，因地制宜推动生物质发电。有序推进有条件资源地区适时发展光伏、风电和生物质发电等项目。持续推进全产业链集群式发展，支持资源地区提速能源实质性开发利用。加强资源能源领域核心技术的研发，基于现代信息通信技术和智能化技术，构建协调发展、集成互补的能源互联网。聚焦资源型地区独特的资源环境，加强国土空间规划和用途管控，严格落实耕地和永久基本农田、生态保护红线、城镇开发边界等空间管控边界，使资源能源得到有序开发利用和保护。

（2）提高资源能源利用水平。探索建立科学合理的资源能源利用模式，提高重要矿产资源能源开采回采率、选矿回收率，加强能源加工储运设施节能及余能回收利用，推广余热余压、LNG 冷能等余能综合利用技术，增强综合利用水平。建好用好资源型产业能源大数据中心和各地区分中心，搭建覆盖能源供需各环节的国家级能源大数据平台，发挥大数据在能源行业宏观调控、产业发展、公共服务等领域的作用。促进油气资源开发与下游行业的深度耦合发展，鼓励资源型企业低碳化、绿色化、智能化技术改造和转型升级，协调推进碳达峰碳中和工作。支持"智慧气田"建设，推进智慧能源项目、清洁能源综合利用项目等建设。

（3）加强资源能源保障能力建设。结合资源型地区资源禀赋和区位条件，规划布局一批能源资源基地，加快推进储油储气等项目建设。积极发展储能产业，因地制宜推进储煤基地、成品油储备基地和抽水蓄能项目等建设，规划储备一批燃气热电联产项目，推动"新能源＋储能"深度融合。推进新能源基地建设，推动建设储煤基地，加快建设战略性储备资源储运基地规划建设，大力推进抽水蓄能项目纳入国家规划。加快构建全面的能源保供基础设施网络，扩大稳定天然气、煤炭、电力等能源的来源。加快推进天然气管道等项目的建设。

11.2.2 坚持创新引领，推动创新发展

（1）加强创新平台建设。以创新平台建设作为抓手，不断提高资源型地区在科技领域的创新能力和水平。谋划建设国家实验室，高水平组建地区实验室，逐步提升科技创新支撑能力。推动创建国家高新区，加快推动"以认促建"市级高新区建设。加强校企、院企合作，鼓励资源型地区高校建设高水平大学和优势学科，组建"高校＋科研院所＋企业"创新联合体，积极承担国家、市级重大科技项目，推进产教融合、科教融合。致力于打造应用研究平台，加快推进技术创新中心、制造业创新中心以及产业创新中心等建设，构建产学研深度融合的技术创新系统。围绕地区中心—外围经济圈建设，深入推进科技协作，加强科技政策、创新平台、成果转化等协同联动。

（2）加强创新主体培育。以创新主体培育为关键，优化创新环境、引育创新人才、激发创新活力。深化科技体制改革，引导资源型地区打造重视创新、尊重创新、保护创新的"近悦远来"创新环境。引进并培养一批具有创新能力的技能型人才和团队，以弥补转型发展过程中技术和人才的短缺，充分发挥高校、科研院所、高新技术企业等作用，着力引进和培养更多战略科技人才、科技领军人才和创新团队，完善高端（"塔尖"）和基础（"塔基"）层次的人才梯队。支持资源型地区完善人才激励机制，稳定制造业就业。强化企业创新主体地位，完善科技创新的市场导向机制，推动各类创新资源要素整合并向企业聚集，落实普惠性政策，如研发费用加计扣除、高新技术企业税收优惠等。鼓励企业增加研发投入，正向激励企业不断创新。开展领军企业培育行动，在重点产业、重点领域着重培育一批具有"专精特新"特点的小巨人企业、高新技术企业和科技型企业。

（3）提升产业链供应链竞争力。以提升产业核心竞争力为目标，聚焦未来产业和前沿技术，加强技术攻关。积极对接国家战略，围绕人工智

能、大数据云计算、集成电路、物联网等特色优势领域，加强关键核心技术研发，突破"卡脖子"问题，力争创造更多"从 0 到 1"的原创成果。围绕产业链部署创新链，围绕创新链布局产业链，加强创新链与产业链之间对接，推进全产业链的协同创新。积极鼓励资源型地区把握当前国内大循环为主体、国内国际双循环相互促进的新发展格局的契机，加速构建一套自主可控且安全高效的资源能源供应链体系。培育壮大数字经济、绿色产业，高质量推进产业园区特色发展，支持新能源装备产业园等建设。聚焦技术前沿和市场需求，加快布局培育新一代信息技术、新能源及智能网联汽车、高端装备、新材料、生物技术等战略性新兴产业，助推实现集群化、融合化、生态化发展。支持有条件地区建设科技创新小镇、创新生态社区，打造产业集群，如消费品、生物医药、电子信息、智能装备产业集群，集成电路、食品加工、生态塑料产业集群，装配式建筑、智能装备、医药健康产业集群等。推进传统制造业智能化改造，支持在汽车、家电、装备制造等重点领域建设一批智能化标杆工厂。

（4）充分发展数字经济。数字经济作为当今经济发展的重要驱动力，其在促进城市低碳转型方面具有显著的潜力和积极效应。为了最大化地发挥数字经济对绿色低碳经济发展的赋能作用，政府应当制定一系列的政策以鼓励数字经济发展，充分发挥数字经济节能、高效的作用，使数字经济与绿色低碳经济相结合，从而实现经济可持续绿色发展和生态环境良好保护的双赢。要确立数字基础建设在数字经济发展中的重要地位，数字基础设施不仅是数字经济发展的基础，也是支撑城市低碳转型的重要保障。各地政府应该加大对数字基础设施建设的投入，包括提升网络带宽、扩建数据中心、建设智能化物联网基础设施等。这样可以提升数字经济发展的基础条件，为城市低碳转型提供可靠的技术支撑。加快发展数字技术至关重要，区块链、大数据等新兴技术是实现城市低碳转型的重要途径之一。

11.2.3 坚持统筹联动，区域协调发展

（1）加强区域协同。鼓励资源型地区以经济圈协调发展等区域合作为

契机，加强资源共享、市场共建。持续深化中央单位定点帮扶和毗邻地区等区域合作，对接先进生产要素和创新资源，促进资源、资本、人才和技术等生产要素跨省流动。支持建设合作先行示范区。聚焦协调发展，因地制宜布局创新资源，构建优势互补、资源共享、互惠互利、协同联动的创新机制，做强中心城区、城市新区，积极探索"飞地经济"，优化产业和城镇空间布局。

（2）支持资源枯竭地区可持续发展。资源枯竭地区的民生问题需着重解决，通过完善基础设施和基本公共服务配套提高民生保障水平。大力培育接续替代产业，加大对劳动密集型企业和中小微企业的扶持力度，鼓励资源枯竭地区加速园区建设进程，着力打造招商引资平台，促进产业结构优化。对现有工业基础的优势进行充分挖掘并发挥其作用，加强企业自主创新能力和技术装备水平，加速推进传统产业改造提升的工程，建立并培育一个现代化产业体系。支持创建资源型地区可持续发展示范区。深入实施煤炭开采沉陷区的综合治理工程和独立工矿区的改造提升工程，支持开展生态环境修复和环境整治、重大安全隐患区域居民避险搬迁、基础设施和公共服务设施以及接续替代产业平台等项目的建设，显著改善矿区生产生活条件。支持有条件的采煤沉陷区、独立工矿区立足自身产业基础适度规划建设一批中小企业集聚区。

（3）加强基础设施提质增效。围绕基础设施提标扩面，推进资源型地区基础设施整体化规划、建设和运营，提升基础设施共建共用的水平。加强资源能源开发地区的主要交通干线规划建设，强化资源型地区之间的连接通道建设。加快铁路专用线建设，推进铁路进物流园区、工矿企业，有序推进煤炭、矿石、石油、天然气等输送管线建设。大力提升铁路运力。建设天然气管网。加快推进资源型地区机场、铁路、高速等大通道建设，构建内畅外联的交通网络。支持规划建设机场高速。支持铁路、快速物流通道、城市快轨等项目建设。新建和改扩建一批水利工程，支持开展采煤沉陷区水库整治，规划建设一批大中型水库。统筹推进信息网络建设，加快推进5G规模组网，实现公共区域、重点产业园区5G网络全覆盖，促进 5G 在产业发展和智慧城市建设领域的应用示范。积极推进老城区、城区老工业区、独立工矿区改造，优化完善城市功能配套。支持企业搬迁后续扶持配套设施等项目建设。

11.2.4　遵循生态优先，坚持绿色发展

（1）加强生态环境治理。统筹山水林田湖草沙的系统治理工作，实施一系列针对重要生态系统保护和修复的重大工程，进一步深入推进国土绿化行动。资源开采各项生态保护和污染防止措施需严格落实，并防范闭坑矿山存在的潜在污染风险。按照"谁破坏、谁治理""谁修复、谁受益"的原则，落实企业和地方政府主体责任，积极引进社会力量，探索第三方治理模式，加快解决工矿废弃地、矸石山、尾矿库、露天矿坑等历史遗留问题，推进资源产业生态修复和环境整治。鼓励采用"环境修复 + 开发建设"模式对资源型地区实施生态修复，统筹策划实施一批生态环境领域重大工程示范项目。注重能源产业和生态治理协同发展，支持沉陷区综合治理、独立工矿区改造，将工矿废弃地复垦利用与城乡建设用地增减挂钩。因地制宜推动林光互补、农光互补等综合开发利用。强化生态修复保护与利用，加快森林资源培育与恢复，因地制宜实施天然林资源保护、退耕还林还草、石漠化治理等林草重点工程。

（2）构建绿色生产方式。有序推动资源能源绿色开发，坚持科学勘查、有序开采、清洁生产、高效利用，加强对矿产资源储量、开发潜力和生态环境影响的综合评价，全面落实生态保护红线、环境质量底线、资源利用上线和生态环境准入清单。提升清洁能源和新能源开发利用水平，力争至 2025 年，非化石能源消费在能源消费中的占比达到 25%。建设智慧能源体系，拓宽清洁能源消纳渠道，确保可再生能源发电全额保障性收购政策落实，推行节能低碳电力调度。推进接续产业绿色制造，推广清洁生产工艺、技术和设备，实施能效"领跑者"行动，给予"领跑者"资金奖励和项目支持。实施工业能效提升计划，加强产业园区能源梯级利用，创建一批具有示范带动效应的绿色园区和绿色工厂。鼓励对废弃物实行减量

化和资源化的循环综合利用,加大对固体废弃物综合利用示范基地建设的支持。严格执行重点行业环境准入和排放标准,对落后的产能进行淘汰。

(3)构建绿色生活方式。地下能源开发与地上城镇发展统筹进行,支持资源型地区依据资源环境承载能力和可持续发展要求,合理且科学地开展对开发强度的管控。支持资源型地区完善废旧物资回收网络,积极推进生活垃圾分类回收处置,提升再生资源加工利用水平,推动有条件地区建设固体废物资源回收和危险废物处置基地。加强城市规划,保护城乡自然山水格局和历史人文风貌,推进城市绿道和生态廊道建设。培育和践行绿色文化,倡导简约适度、绿色低碳的生活方式,倡导绿色消费、绿色出行,推进城市节能降碳工程,开展建筑、交通、照明等基础设施节能升级改造,推动城市综合能效提升,打造一批绿色城市。

(4)加大城市绿色技术创新力度。绿色技术创新是实现数字经济与绿色低碳经济发展相融合的重要环节。通过制定科学规范的绿色技术研发计划、推动城市绿色金融体系变革以及完善绿色低碳技术创新法律保护等举措,可以有效赋能绿色技术创新发展,推动城市低碳转型。城市绿色金融体系变革作为优化城市绿色技术创新环境的重要举措之一,需要积极推动。保障绿色技术创新,需要充足的资金支持,而绿色金融体系的建设则为绿色技术创新提供了融资保障。各地政府可以根据自身实际情况,实施精准的资金帮助,通过设立专项基金、发行绿色债券、提供贷款担保等方式,为绿色技术创新项目提供资金支持。同时,政府还可以加强对绿色技术创新企业的税收优惠,降低企业研发成本,促进绿色技术的革新。此外,建立完善的绿色低碳技术创新的法律保护体系也是促进绿色低碳技术不断发展的可靠保障。各地政府可以着力健全绿色技术创新知识产权保护制度,加强对绿色技术创新成果的保护,防止知识产权侵权行为的发生,从而鼓励企业进行更多的人才、资金投入。此外,政府还可以通过以下方式激励企业在绿色技术创新领域进行更多的实践探索:制定绿色技术创新奖励政策、开展绿色技术创新示范项目等。通过完善绿色技术创新政策支撑体系,可以显著提升企业在绿色技术创新领域的动力和能力,进而推动绿色技术创新得以持续稳健地发展。

11.2.5 完善政策制度，强化组织保障

（1）加强组织领导。坚持和加强党的全面领导，强化区县主体责任，广泛动员全社会力量，共同推进资源型地区高质量发展。市级各相关部门按照职能分工，在项目建设、资金投入、体制机制创新、要素保障等多个方面给予全面且积极的支持。资源型地区相关区县人民政府要切实落实主体责任，强化担当、主动作为，全面落实好实施方案和相关政策措施，确保各项重点任务落到实处，探索可复制可推广的经验做法。关于方案实施中涉及的重大事项、重大政策和重大项目均需按程序进行审批报备。

（2）完善配套政策。加强工作对接和政策衔接。第一，鼓励引导开发性、政策性金融机构参与资源型地区转型发展，在风险可以控制的前提下增强对资源型地区转型的信贷支持力度，支持符合条件的企业通过上市、发行债券的方式筹集资金，加大对重点项目的信贷支持力度。第二，确保数字经济稳健发展，推进不同资源型地区的数字经济协调发展。继续推动数字经济在中西部资源型地区的发展，逐步缩小与东部地区的"数字鸿沟"，更好地服务于中西部资源型地区的产业承接以及战略性新兴产业的培育，促进经济社会发展和基本公共服务均等化。第三，深入实施数字经济创新发展战略，地方政府应转变投资方向，有计划、分阶段地加大对新基建的投资力度，为资源型地区数字经济正效应的发挥创造条件，最大限度地发挥数字经济在缓解信息不对称、优化金融资源配置、降低交易成本和支持技术创新等方面的作用，为破解资源型地区发展难题提供金融支持和金融保障。

（3）健全长效机制。构建更为健全的资源能源开发秩序约束机制，严格执行勘查开发准入和分区管理制度，实现资源能源开发与城市可持续发展的协调推进。落实接续替代产业扶持机制，确保市场在资源配置中发挥决定性作用，积极调动社会各界的力量，推动接续替代产业发展。资源开发补偿与利益分配共享机制需健全，加强对资源开发主体的监督，确保其

承担生态修复和环境整治等方面的责任与义务。完善对资源型地区转型发展情况的动态监测和评估机制，适时调整优化资源型地区名单。探索创新生态环境治理模式，鼓励和引导各类投资主体通过多种方式参与资源型城市生态修复治理，形成"投入—治理—收益"的良性循环。

|第12章|
研究总结与展望

12.1　研究总结

　　资源型产业具有显著的资源依赖性和地理根植性特征，其"高污染、高耗能、高排放"工业发展模式严重制约经济发展与生态安全协调发展。实现资源型产业高质量发展是建设人与自然和谐共生的现代化、实现美丽中国目标的重要保障，实现发展方式从资源驱动转向创新驱动、从重数量转向提质量十分重要。鉴于此，本书以资源型产业高质量发展的影响为逻辑主线，构建了资源型产业高质量发展指标体系，分析资源型产业高质量发展的影响因素以及对绿色低碳经济效应进行实证检验，主要研究总结归纳如下：

　　首先，本书阐述了研究背景和研究意义。作为"原字号"产品供给的源头主体，资源型产业的高质量发展已成为我国资源富集地区深化供给侧结构性改革、促进经济高质量发展的关键基础。本书系统梳理了相关理论和现有文献，理论基础包括生态文明理论、可持续发展理论等，相关文献涉及产业政策、环境政策、数字经济及绿色技术创新对资源型产业高质量发展的影响、资源型产业高质量发展的绿色低碳效应等。本书回顾了测度全要生产率的文献，通过梳理已有方法，选择了合适的测算方法，全要素生产率是评判产业高质量发展的重要指标，在严格遵循目的性、科学性、可操作性、动态性等原则的前提下，构建资源型产业高质量发展综合评价指标体系，对投入变量和产出变量的选择进行了说明，利用基于非期望产出的SBM-DDF-GML模型指数方法测算绿色全要素生产率来表征2008~2021年中国31个省份资源型产业高质量发展水平。

其次，本书基于技术创新、可持续发展、生态经济理论等，利用ArcGIS、计量模型、双重差分模型等进行实证分析，研究了资源型产业高质量发展的影响因素及其效应。本书从空间和时间双重维度分析了资源型产业高质量发展水平的演化趋势，运用ArcGIS刻画了绿色全要素生产率、技术进步和规模效率的空间格局。本书识别影响资源型产业高质量发展的关键因素，包括产业政策、环境政策、数字经济、绿色技术创新等多个方面，并梳理其发展进程以及相关政策，分析资源型产业高质量发展的驱动机制。本书运用计量分析方法分析了产业政策、环境政策、绿色技术创新、数字经济对资源型产业高质量发展的影响，以及对不同地理区位、不同流域资源型产业高质量发展的异质性影响。研究发现，产业政策、环境政策、数字经济、绿色技术创新对资源型产业高质量发展产生了显著的影响。本书分析资源型产业高质量发展对绿色低碳循环发展的影响效应。采用面板回归模型来分析资源型产业高质量发展对绿色低碳循环发展的影响，探讨资源型产业高质量发展对不同地理区位、不同流域绿色低碳循环发展的异质性影响，并采用稳健性方法检验资源型产业高质量发展对绿色低碳循环发展的影响。

最后，本书基于理论分析和实证检验提出了实现路径与政策建议，详细地阐述了产业政策对资源型产业高质量发展的支撑作用、环境政策对资源型产业高质量发展的约束作用、数字经济对资源型产业高质量发展的保障作用以及绿色技术创新对资源型产业高质量发展的驱动作用，并从保障地区资源能源安全；坚持创新引领，推动区域协调发展；遵循生态优先，坚持绿色发展；完善政策制度，强化组织保障等五个方面提出政策建议。综上所述，本书认为，资源型产业高质量发展显著推动了绿色低碳循环发展。本书从理论和实践上厘清了影响资源型产业高质量发展的驱动因素，并为资源型高质量发展的路径提供了理论建议，丰富和完善了现有学术研究，从而为制定政策提供科学依据。

12.2　研究展望

本书立足于高质量现代化产业体系研究，对推动资源型产业高质量发展进行了全面深入的理论分析，针对性地提出了推动资源型产业高质量发展的意见和建议。本书着重探讨资源型产业高质量发展的影响因素及其绿色低碳效应，在一定程度上深化了资源型产业高质量发展的相关理论深度，拓展了资源型产业高质量发展的驱动因素的逻辑边界，但仍存在不足之处，如在作用机制多样性、研究样本适宜性、研究方法前沿性方面存在不足，未来还可以从以下几方面拓展研究：

（1）作用机制多样性。本书从产业政策、环境政策和数字经济等视角出发探讨了驱动资源型产业高质量发展的作用机制，如国家产业转型示范区、碳排放权交易等。因此，下一步研究可以考虑更多的中介变量或者调节变量，如城乡融合、产业集聚、政府科技投入、区域基础吸收能力、市场一体化等因素，可以采用有中介的调节效应模型或者有调节的中介效应模型等回归模型进行检验，以丰富并拓展驱动资源型产业高质量发展的作用机制相关研究，为政府部门制定更科学的决策提供理论基础与依据。

（2）研究样本适宜性。本书重点针对中国 31 个省份资源型产业高质量展开了深入探讨，未来的研究可以针对具体行业进行研究，如针对制造业、重污染资源型企业等碳排放较高的行业展开进一步的研究。通过深入探讨不同行业产业政策、环境政策、数字经济以及绿色技术创新对资源型产业高质量发展的影响，为各行业提供针对性的绿色低碳转型策略和政策建议。同时未来的研究也可以考虑适当拓展时间范围，从而更全面地分析动态和长期不同因素对资源型产业高质量发展的影响。

（3）研究方法前沿性。本书选择 DID 和 OLS 回归方法进行分析，未来会利用空间分析资源型产业高质量发展的空间分布特征，识别热点区域和冷点区域，为区域产业发展政策提供依据，之后选择空间计量模型探究资源型产业高质量发展的影响因素以及空间溢出效应，即不同影响因素对本地区和相邻地区的空间效应。未来会进一步采用路径分析法，构建资源型产业高质量发展的影响因素作用路径模型。利用系统动力学能够研究相互关联的多个因素对因变量的影响，分析系统内不同因素在不同状态下是如何影响资源型产业高质量发展以及资源型产业高质量发展是如何与各个要素进行反馈的。在识别出主要因素的基础上，明确各个因素在不同状态下能够对资源型产业高质量发展产生多大的影响。

参考文献

［1］张复明，景普秋. 资源型经济的形成：自强机制与个案研究［J］. 中国社会科学，2008（5）：117-130.

［2］胡援成，肖德勇. 经济发展门槛与自然资源诅咒——基于中国省际层面的面板数据实证研究［J］. 管理世界，2007（4）：15-23+171.

［3］姚予龙，周洪，谷树忠. 中国资源诅咒的区域差异及其驱动力剖析［J］. 资源科学，2011，33（1）：18-24.

［4］徐康宁，王剑. 自然资源丰裕程度与经济发展水平关系的研究［J］. 经济研究，2006（1）：78-89.

［5］冯宗宪，姜昕，王青. 中国省际层面"资源诅咒"问题的再检验［J］. 中国人口·资源与环境，2010，20（10）：129-136.

［6］邵帅，齐中英. 西部地区的能源开发与经济增长——基于"资源诅咒"假说的实证分析［J］. 经济研究，2008（4）：147-160.

［7］孙晓华，郑辉. 资源型地区经济转型模式：国际比较及借鉴［J］. 经济学家，2019（11）：104-112.

［8］朱卫平，陈林. 产业升级的内涵与模式研究——以广东产业升级为例［J］. 经济学家，2011（2）：60-66.

［9］朱瑞博. 核心技术链、核心产业链及其区域产业跃迁式升级路径［J］. 经济管理，2011，33（4）：43-53.

［10］邵帅，范美婷，杨莉莉. 资源产业依赖如何影响经济发展效率？——有条件资源诅咒假说的检验及解释［J］. 管理世界，2013（2）：32-63.

［11］徐康宁，冯伟. 基于本土市场规模的内生化产业升级：技术创

新的第三条道路［J］.中国工业经济，2010（11）：60-69.

［12］张其仔.比较优势的演化和中国产业升级的路径选择［J］.中国工业经济，2008（9）：58-68.

［13］Arthur O'Sullivan. City economics［M］. Cambridge，MA：Harvard University Press，2003.

［14］张复明.工业化视野下的资源型经济：解释模型和分析框架［J］.经济学动态，2008（8）：35-39.

［15］卢正惠.论区域开发模式［J］.思想战线，2003（2）：30-32.

［16］杨军，任力军.锁定效应与资源型区域产业投资结构变迁研究［J］.山西大学学报（社会科学版），2015，38（3）：119-123.

［17］王志锋，赵鹏飞.科学发展观视角下动力衰减型资源城市转型战略思考［J］.中国人口·资源与环境，2008（18）：70-73.

［18］李虹.基于内生增长理论的经济发展模式与政策［M］.北京：商务印书馆，2018.

［19］陶长琪，彭永樟.经济集聚下技术创新强度对产业结构升级的空间效应分析［J］.产业经济研究，2017（3）：91.

［20］裴耀琳，郭淑芬.数字经济、资源禀赋与产业结构转型［J］.统计与决策，2024，40（11）：86-91.

［21］冯淑怡.探索新时代农业高质量发展的动力与实践——评《新发展理念下资源禀赋、生产集聚与农业高质量发展研究》［J］.农业经济问题，2024（5）：2.

［22］王丽艳，张凯强，马光荣.资源禀赋能否转换为地区创新优势？［J］.财经问题研究，2023（11）：31-46.

［23］向君.自然资源禀赋、环境规制对地区绿色经济增长效率的影响［J］.统计与决策，2023，39（8）：51-56.

［24］孟望生，张扬.自然资源禀赋、技术进步方式与绿色经济增长——基于中国省级面板数据的经验研究［J］.资源科学，2020，42（12）：2314-2327.

［25］张峰，宋晓娜.资源禀赋、技术进步与制造业绿色转型［J］.统计与决策，2020，36（13）：98-102.

［26］孔凡斌，王苓，徐彩瑶，等.中国生态环境治理体系和治理能力现代化：理论解析、实践评价与研究展望［J］.管理学刊，2022，35（5）：50-64.

［27］吴明红，钱雁.中国生态文明建设成效与面临的挑战——基于省域数据的分析［J］.行政论坛，2022，29（5）：147-153.

［28］张晨，曾坚.基于生态系统服务的大气安全理论构建与综合评价——以京津冀及周边地区 2+26 城市为例［J］.地理研究，2022，41（4）：1018-1031.

［29］李创，夏文静，王丽萍.中国省域生态环境风险评估与污染产业布局优化［J］.经济地理，2021，41（7）：183-192.

［30］彭文英，李碧君，刘灿.习近平关于生态安全重要论述及生态安全体系建设研究［J］.城市与环境研究，2021（1）：20-34.

［31］焦樵.环境规制、资源型产业依赖与"碳诅咒"［J］.统计与决策，2023，39（11）：60-65.

［32］李治国，王杰，车帅.资源型产业依赖如何影响环境质量？［J］.商业研究，2022（3）：24-35.

［33］曹海霞.资源型区域产业生态系统的演化与治理［J］.经济问题，2018（12）：88-93.

［34］田原，孙慧.资源型产业低碳转型的影响因素及作用机理分析［J］.求是学刊，2016，43（4）：58-64.

［35］肖黎明，景睿.生态文明视域下资源型区域产业转型与技术创新的协同发展［J］.理论探讨，2016（4）：99-103.

［36］Burton I. Report on reports：Our common future：The world commission on environment and development［J］. Environment：Science and Policy for Sustainable Development，1987，29（5）：25-29.

［37］曾建平.寻归绿色——环境道德教育［M］.北京：人民出版社，

2004.

［38］刘培哲.可持续发展理论与《中国21世纪议程》［J］.地学前缘，1996，2022（1）：1-9.

［39］张晓玲.可持续发展理论：概念演变、维度与展望［J］.中国科学院院刊，2018，33（1）：10-19.

［40］李志青.可持续发展的"强"与"弱"——从自然资源消耗的生态极限谈起［J］.中国人口·资源与环境，2003（5）：6-9.

［41］陆艾娜.资源型产业对辽宁省经济发展的影响研究［D］.沈阳：辽宁大学，2022.

［42］李金昌.关于自然资源的几个问题［J］.自然资源学报，1992（3）：193-207.

［43］成金华，邵赤平.中国资源产业发展要走集约化道路［J］.经济学动态，1997（2）：17-19.

［44］R. H. Coase. The federal communications commission［J］.Journal of Law and Economics，1959：30-79.

［45］Edward B. Barbier，Michael Rauscher. Trade，tropical deforestation and policy interventions［J］. Environmental & Resource Economics，1994（1）：342-430.

［46］Bovis C. H. Efficiency and effectiveness in public sector management: The regulation of publilc markets and public-private partnerships and its impact on contemporary theories of public administration［J］. European Procurement & Public Private Partnership Law Review，2013，8（2）：186-199.

［47］李天舒，王宝民.东北地区资源型产业发展现状及对策研究［J］.内蒙古社会科学（汉文版），2003（2）：97-100.

［48］田原，孙慧，李建军.中国资源型产业低碳转型影响因素实证研究——基于STIRPAT模型的动态面板数据检验［J］.生态经济，2018，34（8）：14-18+30.

［49］穆瑞田，李晓东.资源型产业如何走出困境——关于组建资源型产业控股公司的建议［J］.经济论坛，1999（15）：10-11.

［50］张凌，陈洪彬，原海滨.资源型产业结构现状及合理化策略的思考［J］.科技与管理，2001（2）：23-24+31.

［51］杜蓉.论信息技术与资源型产业结构［J］.科技进步与对策，2001（1）：28-29.

［52］李文君，杨明川，史培军.唐山市资源型产业结构及其环境影响分析［J］.地理研究，2002（4）：511-518.

［53］宋梅，刘海滨.从莱茵—鲁尔区的改造看辽中南地区资源型产业结构升级［J］.中国矿业，2006（7）：9-12.

［54］段树国，龚新蜀.基于偏离—份额分析法的新疆资源型产业竞争力评价［J］.干旱区资源与环境，2013，27（11）：9-14.

［55］Intergovernmental Panel on Climate Change. Climate change 2021: The physical science basis［M］. Cambridge：Cambridge University Press，2021.

［56］Wu S. M.，Li L.，Li S. T. Natural resource abundance，natural resource-oriented industry dependence，and economic growth：Evidence from the provincial level in China［J］. Resources，Conservation and Recycling，2018（139）：163.

［57］张中祥，宋梅.碳中和背景下资源型城市转型面临的新挑战新机遇［J］.国家治理，2022（6）：47-51.

［58］岳利萍，杨欣怡.双重环境目标约束下的产业转型升级："减污降碳"何以"协同增效"［J］.中国人口·资源与环境，2024，34（1）：46-58.

［59］惠献波.国家创新型城市建设、产业转型升级与碳排放效应［J］.统计与决策，2023，39（21）：117-121.

［60］黄琼，程村聪."双碳"目标下区域碳排放与产业结构转型升级研究——以安徽省为例［J］.科技管理研究，2023，43（7）：221-228.

［61］李珊，湛泳.产业转型升级视角下智慧城市建设的碳减排效应研究［J］.上海财经大学学报，2022，24（5）：3-18+107.

［62］邱振卓.低碳经济视域下加快我国产业转型升级的对策［J］.经济纵横，2016（5）：57-60.

［63］赵玉焕，钱之凌，徐鑫.碳达峰和碳中和背景下中国产业结构升级对碳排放的影响研究［J］.经济问题探索，2022（3）：87-105.

［64］Zhao J.，Jiang Q. Z.，Dong X. C.，et al. How does industrial structure adjustment reduce CO_2 emissions？ Spatial and mediation effects analysis for China［J］. Energy Economics，2022（105）：105704.

［65］Yu Y. T.，Zhang N. Does industrial transfer policy mitigate carbon emissions？ Evidence from a quasi-natural experiment in China［J］. Journal of Environmental Management，2022（307）：114526.

［66］Qian L.，Xu X. L.，Sun Y.，et al. Carbon emission reduction effects of eco-industrial park policy in China［J］. Energy，2022（261）：125315.

［67］薛飞，周民良，赵政楠.工业园区低碳转型的碳减排效应评估——来自国家低碳工业园区试点的经验证据［J］.经济体制改革，2022（6）：98-105.

［68］付奎，张杰，刘炳荣.产业转型政策能否推动城市低碳转型——来自资源型和老工业城市产业转型升级示范区的证据［J］.中国环境科学，2023，43（5）：2590-2600.

［69］彭飞，金慧晴.区域产业政策有效性评估——基于中国资源型和老工业城市的证据［J］.产业经济研究，2021（3）：99-111.

［70］宋凌云，王贤彬.重点产业政策、资源重置与产业生产率［J］.管理世界，2013（12）：63-77.

［71］沈能.环境效率、行业异质性与最优规制强度［J］.中国工业经济，2012，288（3）：56-68.

［72］李婉红，毕克新，孙冰.环境规制强度对污染密集行业绿色技

术创新的影响研究［J］.研究与发展管理，2013，25（6）：72-81.

［73］王锋正，郭晓川.环境规制强度、行业异质性与 R&D 效率——源自中国污染密集型与清洁生产型行业的实证比较［J］.研究与发展管理，2016，28（1）：103-111.

［74］崔连标，范英，朱磊.碳排放交易对实现我国"十二五"减排目标的成本节约效应研究［J］.中国管理科学，2013（1）：37-46.

［75］吴洁，夏炎，范英.全国碳市场与区域经济协调发展［J］.中国人口·资源与环境，2015，25（10）：11-17.

［76］孙睿，祝丹，常冬勤.碳交易的"能源—经济—环境"影响及碳价合理区间测算［J］.中国人口·资源与环境，2014，24（7）：82-90.

［77］Tang L., Wu J., Yu L., et al. Carbon emissions trading scheme exploration in China：A multi-agent-based model［J］. Energy Policy, 2015（81）：152-169.

［78］谭秀杰，刘宇，王毅.湖北碳交易试点的经济环境影响研究——基于中国多区域一般均衡模型［J］.武汉大学学报（哲学社会科学版），2016（2）：64-72.

［79］Jefferson G. H., Tanaka S., Yin W. Environmental regulation and industrial performance：Evidence from unexpected externalities in China［R］. Working Paper, 2013.

［80］涂正革，谌仁俊.排污权交易机制在中国能否实现波特效应？［J］.经济研究，2015（7）：46-60.

［81］王倩，高翠云.碳交易体系助力中国避免碳陷阱、促进碳脱钩的效应研究［J］.中国人口·资源与环境，2018，28（9）：17-25.

［82］李广明，张维洁.中国碳交易下的工业碳排放与减排机制研究［J］.中国人口·资源与环境，2017，27（10）：141-149.

［83］王文军，谢鹏程，李崇梅，等.中国碳排放权交易试点机制的减排有效性评估及影响要素分析［J］.中国人口·资源与环境，2018，28（4）：26-34.

［84］Fan X., Lv X., Yin J., et al.Multifractality and market efficiency of carbon emission trading market：Analysis using the multifractal detrended fluctuation technique［J］.Applied Energy，2019（251）：1-8.

［85］张雪纯，曹霞，宋林壕.碳排放交易制度的减污降碳效应研究——基于合成控制法的实证分析［J］.自然资源学报，2024，39（3）：712-730.

［86］李荣华，杜昊."双碳"目标下碳排放权交易试点的减排效应与区域差异［J］.经济与管理研究，2023，44（11）：25-44.

［87］陆敏，徐好，陈福兴."双碳"背景下碳排放交易机制的减污降碳效应［J］.中国人口·资源与环境，2022，32（11）：121-133.

［88］陈道平，廖海凤，谭洪.中国碳交易政策的减排效应及其机制研究［J］.技术经济，2022，41（7）：106-119.

［89］叶芳羽，单汨源，李勇，等.碳排放权交易政策的减污降碳协同效应评估［J］.湖南大学学报（社会科学版），2022，36（2）：43-50.

［90］李响，张楠，宋培.碳排放交易制度的节能减排效应及作用机制研究——基于合成控制法的经验证据［J］.现代财经（天津财经大学学报），2022，42（4）：96-113.

［91］张彩江，李章雯，周雨.碳排放权交易试点政策能否实现区域减排？［J］.软科学，2021，35（10）：93-99.

［92］刘传明，孙喆，张瑾.中国碳排放权交易试点的碳减排政策效应研究［J］.中国人口·资源与环境，2019，29（11）：49-58.

［93］张兆鹏，刘泽棠，祝金甫.中国碳交易政策推动低碳技术创新的效用测度——基于多时点双重差分法的实证研究［J］.科技进步与对策，2024，41（12）：93-104.

［94］廖文龙，董新凯，翁鸣，等.市场型环境规制的经济效应：碳排放交易、绿色创新与绿色经济增长［J］.中国软科学，2020（6）：159-173.

［95］张静，申俊，徐梦.碳排放交易是否促进了产业结构转型升

级？——来自中国碳排放交易试点政策的经验证据［J］.经济问题，2023（8）：84-91.

［96］孙景兵，顾振洋.碳排放权交易机制会倒逼产业结构转型升级吗？——基于制造业和生产性服务业协同集聚的视角［J］.生态经济，2023，39（5）：59-68.

［97］刘晓燕，鲍静海，孙文娜.碳排放权交易、产业转型升级与经济高质量增长［J］.技术经济与管理研究，2023（1）：116-122.

［98］杨慧梅，江璐.数字经济、空间效应与全要素生产率［J］.统计研究，2021，38（4）：3-15.

［99］毛丰付，侯玉巧，高雨晨.数字经济对城市能源消费结构转型的影响——基于能源禀赋异质性与空间溢出效应检验［J］.浙江学刊，2024（6）：125-136.

［100］张勋，万广华，张佳佳，等.数字经济、普惠金融与包容性增长［J］.经济研究，2019，54（8）：71-86.

［101］荆文君，孙宝文.数字经济促进经济高质量发展：一个理论分析框架［J］.经济学家，2019（2）：66-73.

［102］李照东.数字经济、全球价值链嵌入与城市创新韧性［J］.统计与决策，2024，40（19）：84-89.

［103］黄赜琳，秦淑悦，张雨朦.数字经济如何驱动制造业升级［J］.经济管理，2022，44（4）：80-97.

［104］田秀娟，李睿.数字技术赋能实体经济转型发展——基于熊彼特内生增长理论的分析框架［J］.管理世界，2022，38（5）：56-74.

［105］陈雨露.数字经济与实体经济融合发展的理论探索［J］.经济研究，2023，58（9）：22-30.

［106］李治国，王杰.数字经济发展、数据要素配置与制造业生产率提升［J］.经济学家，2021（10）：41-50.

［107］韦庄禹.数字经济发展对制造业企业资源配置效率的影响研究［J］.数量经济技术经济研究，2022（3）：66-85.

［108］孙雪娇，范润.数字经济对大中小企业全要素生产率影响的鸿沟效应［J］.经济管理，2023，45（8）：45-64.

［109］王山，余东华.数字经济的降碳效应与作用路径研究——基于中国制造业碳排放效率的经验考察［J/OL］.科学学研究：1-14［2023-12-29］.https：//doi.org/10.16192/j.cnki.1003-2053.20230516.002.

［110］Deng H. Y., Bai G., Shen Z. Y., et al. Digital economy and its spatial effect on green productivity gains in manufacturing：Evidence from China［J］. Journal of Cleaner Production，2022（378）：134539.

［111］钱海章，陶云清，曹松威，等.中国数字金融发展与经济增长的理论与实证［J］.数量经济技术经济研究，2020，37（6）：26-46.

［112］赵涛，张智，梁上坤.数字经济、创业活跃度与高质量发展［J］.管理世界，2020（10）：65-75.

［113］张勋，杨桐，汪晨，等.数字金融发展与居民消费增长：理论与中国实践［J］.管理世界，2020，36（11）：48-63.

［114］易行健，周利.数字普惠金融发展是否显著影响了居民消费——来自中国家庭的微观证据［J］.金融研究，2018（11）：47-67.

［115］何宗樾，宋旭光.数字金融发展如何影响居民消费［J］.财贸经济，2020，41（8）：65-79.

［116］唐松，伍旭川，祝佳.数字金融与企业技术创新——结构特征、机制识别与金融监管下的效应差异［J］.管理世界，2020，36（5）：52-66.

［117］聂秀华，江萍，郑晓佳，等.数字金融与区域技术创新水平研究［J］.金融研究，2021（3）：132-1150.

［118］段永琴，何伦志，克魁.数字金融、技术密集型制造业与绿色发展［J］.上海经济研究，2021（5）：89-105.

［119］朱东波，张相伟.中国数字金融发展的环境效应及其作用机制研究［J］.财经论丛，2022（3）：37-46.

［120］江红莉，蒋鹏程.数字金融对城市绿色经济效率的影响研究［EB/OL］.https：//kns.cnki.net/kcms/detail/51.1268.G3.20220211.1206.012.

html.

［121］伯鲁，王筱平."绿色技术"概念析［J］.环境导报，1997（1）：29-30.

［122］Rawn E.，Wielld D. Regulation as a means for the social control of technology［J］. Technology Analysis and Strategic Management，1994，6（3）：259-273.

［123］李平.技术创新从传统迈向绿色［J］.贵州社会科学，2002（1）：25-28+35.

［124］刘金科，肖翊阳.中国环境保护税与绿色创新：杠杆效应还是挤出效应?［J］.经济研究，2022，57（1）：72-88.

［125］解学梅，朱琪玮.企业绿色创新实践如何破解"和谐共生"难题?［J］.管理世界，2021，37（1）：128-149+9.

［126］李青原，肖泽华.异质性环境规制工具与企业绿色创新激励——来自上市企业绿色专利的证据［J］.经济研究，2020，55（9）：192-208.

［127］齐绍洲，林屾，崔静波.环境权益交易市场能否诱发绿色创新?——基于我国上市公司绿色专利数据的证据［J］.经济研究，2018，53（12）：129-143.

［128］罗良文，梁圣蓉.中国区域工业企业绿色技术创新效率及因素分解［J］.中国人口·资源与环境，2016，26（9）：149-157.

［129］贾军，张伟.绿色技术创新中路径依赖及环境规制影响分析［J］.科学学与科学技术管理，2014，35（5）：44-52.

［130］Abramovay R. Decarbonizing the growth model of Brazil：Addressing both carbon and energy intensity［J］. The Journal of Environment & Development，2010，19（3）：358-374.

［131］曹霞，于娟.绿色低碳视角下中国区域创新效率研究［J］.中国人口·资源与环境，2015，25（5）：10-19.

［132］张江雪，朱磊.基于绿色增长的我国各地区工业企业技术创新效率研究［J］.数量经济技术经济研究，2012，29（2）：113-125.

［133］魏巍贤，马喜立.能源结构调整与雾霾治理的最优政策选择［J］.中国人口·资源与环境，2015，25（7）：6-14.

［134］Hossain M. D., Uzzal A. Environmental and technical feasibility study of upcycling wood waste into cement-bonded particleboard［J］.Construction and Building Materials, 2018（173）：474-480.

［135］Ding W., Gilli M., Mazzant I. M., et al.Green inventions and greenhouse gas emission dynamics：A close examination of provincial Italian data［J］.Environmental Economics and Policy Studies, 2016, 18（2）：247-63.

［136］王林珠，孙艺欣，徐德义.绿色技术创新与高质量绿色发展的耦合协调与互动响应［J］.技术经济，2023，42（5）：1-15.

［137］Carmon-Flores C. E., Innes R. Environmental innovation and environmental performance［J］. Journal of Environmental Economics and Management, 2010, 59（1）：27-42.

［138］Shu C., Zhou K. Z., Xiao Y., et al. How green management influences product innovation in China：The role of institutional benefits［J］. Journal of Business Ethics, 2016, 133（3）：471-485.

［139］Kraus S., Rehman S. U., García F. Corporate social responsibility and environmental performance：The mediating role of environmental strategy and green innovation［J］. Technological Forecasting and Social Change, 2020（160）：120262.

［140］Mahto R. V., Belousova O., Ahluwalia S. Abundance-A new window on how disruptive innovation occurs［J］.Technological Forecasting and Social Change, 2020（155）：119064.

［141］李杰义，张汞，谢琳娜.环境知识学习、绿色创新行为与环境绩效［J］.科技进步与对策，2019，36（15）：122-128.

［142］江胜名.黄河流域资源型产业集聚对城市全要素生产率的影响［J］.江淮论坛，2022（3）：90-97.

［143］杨桐彬，朱英明．产业协同集聚对资源型城市可持续发展的影响［J］．北京理工大学学报（社会科学版），2021，23（4）：60-71.

［144］严太华，李梦雅．资源型城市产业结构调整对经济增长的影响［J］．经济问题，2019（12）：75-80.

［145］昌敦虎，李明奎，原佳倩，等．中国资源型城市可持续转型对促进就业和环境治理的影响——基于"人与自然和谐共生"视角的分析［J］．人口研究，2023，47（3）：63-77.

［146］张娟，惠宁．资源型城市环境规制的就业效应及其门限特征分析［J］．人文杂志，2016（11）：46-53.

［147］任阳军，汪传旭，齐颖秀，等．资源型产业集聚对绿色全要素生产率影响的实证［J］．统计与决策，2020，36（14）：124-127.

［148］黄寰，黄辉，肖义，等．产业结构升级、政府生态环境注意力与绿色创新效率——基于中国115个资源型城市的证据［J］．自然资源学报，2024，39（1）：104-124.

［149］黄怡，程慧．碳市场建设对资源型城市资源依赖度的影响研究——基于异期DID模型［J］．科技管理研究，2022，42（15）：212-219.

［150］毛成刚，杨国佐，范瑞．数字金融与资源型地区产业结构转型升级——基于109个资源型城市的实证分析［J］．经济问题，2022（7）：63-70.

［151］岳立，闫慧贞．黄河流域技术进步对资源型城市绿色发展影响［J］．科学学研究，2023，41（9）：1615-1626+1637.